PSICOLOGÍA

para todos

2

Blanca Pelayo

México

ÍNDICE

INTRODUCCIÓN

¿Alguna vez has criticado a alguien sin darte cuenta de que esa persona suele criticarte por lo mismo? ¿Tienes una gran lista de amigos en tus redes sociales, pero no sabes con quién contar en momentos difíciles? ¿Sueles culpar a los demás de lo que te sale mal sin admitir tu responsabilidad? ¿Sientes que eres original y te distingues de los demás, pero en el fondo descubres que eres una copia del resto? ¿Sientes que tienes capacidad para hacer cosas grandes, como ganar más dinero y ser exitoso, pero no lo has logrado? ¿En más de una ocasión te has ido a la cama con la cabeza llena de pensamientos sin poder conciliar el sueño? ¿Sientes que trabajas muy duro todos los días, pero no logras conseguir lo que buscas? ¿Te ha pasado que, al estar disfrutando unas vacaciones de ensueño, en un lugar precioso y con vistas espectaculares, no puedes dejar de pensar en el costo del viaje?

Este libro busca ofrecer explicaciones a éstas y otras muchas preguntas, de manera que puedas entender cómo funciona tu mente y por qué te comportas de la manera en que lo haces. Y es que, aunque no solemos darnos cuenta, todos interactuamos con la psicología de alguna forma: cuando tratamos de explicar nuestras conductas o las de los demás, cuando tenemos un problema y necesitamos herramientas para poder superarlo, cuando debemos tomar decisiones o, simplemente, porque somos curiosos y nos sentimos fascinados por la mente y el comportamiento humano.

Si ya has leído *Psicología para todos*, volumen 1, sabrás que éste no es un libro de texto con explicaciones científicas sobre la conducta humana, sino una colección de artículos breves, sin un eje temático que los agrupe, razón por la cual podrás leerlos en cualquier orden —con excepción de los capítulos 31 y 32, cuya temática obliga a que sean leídos en el orden correspondiente—.

En las páginas siguientes encontrarás los casos de algunos de mis pacientes en psicoterapia, referencias a libros y películas, casos reales y experiencias personales. Todos ellos te proporcionarán un panorama más amplio sobre el comportamiento humano, así como herramientas para relacionarte sanamente con los demás, aprender a organizar mejor tu tiempo, ser emocionalmente más inteligente, aprender a sacar provecho de tu lenguaje no verbal, imitar los hábitos de las personas exitosas, vivir en el momento presente sin necesidad de preverlo todo y manejar tus emociones.

Así que, sin más, te invito a que te adentres en el fascinante mundo de la psicología y comiences a entender por qué tú y los que te rodean piensan y se comportan de la manera en que lo hacen.

1

¡A REÍR SE HA DICHO!

Un extraño de 1.90 metros de estatura, con una parte de su cabello pintado de azul y vestido de payaso, se acercó silenciosamente a una madre, cuyo hijo pequeño acababa de fallecer. Mientras acompañaba los rezos de la mujer entonando una canción, empezó a contorsionarse de manera espectacular. Días antes, se había reunido con los sobrevivientes de la catástrofe provocada por los talibanes y el ejército estadounidense en Afganistán. Como único armamento, portaba un uniforme de colores llamativos. De pronto, comenzó a lanzar globos ante las pequeñas criaturas quemadas tras pisar un suelo minado, al tiempo que realizaba pantomimas y ruidos circenses.

¿Quién es este hombre que se muestra sonriente en medio del dolor de los enfermos? Se trata del "Doctor Sonrisas", cuyo nombre real es Hunter Patch Adams. Después de ingresar a un hospital psiquiátrico para tratar una depresión, que había dejado como consecuencia varios intentos suicidas, Patch Adams se dio cuenta del desprecio con el que algunos médicos trataban a sus pacientes. Creía firmemente que si los pacientes eran tratados en un lugar amistoso y alegre, donde no tuvieran miedo a estar, el amor recibido podría curarlos más que los medicamentos. Así,

Adams decidió estudiar medicina para aplicar técnicas basadas en la risa como medida terapéutica para curar a sus enfermos.

Su vida inspiró la película *Patch Adams*[1], protagonizada por Robin Williams en 1998, y le permitió promover métodos alternativos para la cura de enfermos mediante la creencia de que la risa, la alegría y la creatividad son parte integral del proceso de curación.

En la antigua Grecia diversos filósofos habían investigado sobre el humor y sus beneficios, pero es solo recientemente que comenzó a tomarse en cuenta su efecto terapéutico. Psicólogos y psiquiatras se han sumado a la tarea de estudiar cómo la alegría puede ser útil en el tratamiento de sus pacientes. Prueba de ello es que cada vez se dan a conocer más publicaciones sobre el efecto favorable de la risa y el sentido del humor en la prevención de enfermedades.[2]

La famosa frase: "Me muero de la risa" demuestra ser, por lo tanto, falsa, pues se ha comprobado que la risa contribuye a evitar las enfermedades y prolonga la vida.

Asimismo, la risa genera neurotransmisores llamados endorfinas, que se multiplican cuando nos reímos, disminuyendo la sensación de dolor, al tiempo que refuerzan nuestro sistema inmunológico. Por el contrario, la tristeza, la depresión y el mal humor generan enfermedades, porque las defensas del sistema inmunológico se encuentran bajas.

El sentido del humor también ha empezado a irrumpir en el mundo de los negocios; por ejemplo, en Estados Unidos, al saber que bajo condiciones de diversión y alegría los empleados aumentan su productividad, muchas empresas han empezado a evaluar el "coeficiente humorístico".[3] Este coeficiente no refleja a la persona que cuenta mejores chistes o es más cómica, sino a la que responde con actitud positiva a los retos que enfrenta diariamente. Como el sentido del humor evita que nos estresemos, somos más capaces de tomar decisiones favorables para dar solución a los conflictos si estamos de buen humor.

> **"En la existencia humana, el humor puede proporcionar el distanciamiento necesario para sobreponerse a cualquier situación, aunque no sea más que por unos segundos".[4]**

Así se expresaba Viktor Frankl, médico austriaco, a quien la experiencia de sobrevivir a un campo de concentración nazi le hizo darse cuenta de que el sentido del humor es la clave para superar los traumas personales.

Los estudiosos del tema consideran que la esencia del humor radica en la capacidad de reírnos de nosotros mismos, porque eso significa que estamos a gusto con lo que somos, a pesar de nuestros defectos. Si alguien se ríe de nosotros, no nos importará demasiado, porque nosotros nos habremos reído primero.

Por otra parte, el sentido del humor, además de los beneficios que produce en cuestiones de salud y laborales, también resulta una característica casi indispensable al momento de elegir una pareja. Si pudieras elegir las características deseables en tu futura pareja, muy probablemente mencionarías la capacidad de reírse o el sentido del humor. Siempre resulta agradable y placentero disfrutar al lado a una persona que nos divierte, que toma las cosas con humor y con quien pasamos un buen rato.

En general, para las mujeres el sentido del humor de un hombre es considerado un buen atributo sexual; por eso, los hombres han desarrollado más la capacidad de hacer reír a sus parejas, pues saben que ser simpáticos y cordiales cuando se presentan ante la mujer que les gusta les permitirá conquistarla más fácilmente. Del mismo modo, estudios recientes indican que el número de veces que la mujer se ríe cuando está en la primera cita con un hombre es señal del deseo que ella tiene de volver a salir con él; riendo demuestra su felicidad.[5]

Por otra parte, el humor permanente en la pareja evita y calma las tensiones y los conflictos. Los esposos que hacen juegos y chistes, y que toman la vida con humor, tienden a ser más felices que las parejas que no lo hacen.

Finalmente, sólo queda decir que el sentido del humor no únicamente aumenta la productividad de los trabajadores y crea un entorno laboral más agradable, sino que disminuye la prevalencia de enfermedades y genera relaciones afectivas más estables y duraderas.

El sentido del humor también nos permite ver los problemas desde otra perspectiva y nos protege de manera inconsciente contra el estrés y los problemas de nuestro tiempo. Por eso hay que reírnos un poco cada día; la mente y el cuerpo lo agradecerán, porque la risa nos da una mejor calidad de vida.

La esencia del humor radica en la capacidad de reírse de uno mismo, porque eso significa que estamos a gusto con lo que somos.

2

LAS SEÑALES DEL CUERPO

"El FBI ha estado buscando en dos de las iglesias grandes la bomba que pusiste", le dice Cal Lightman a un hombre de cabeza rapada, expresión ceñuda y uniforme de prisión, quien esboza una casi imperceptible mueca de felicidad. Lightman deduce que el prisionero sonríe porque el FBI se equivoca de lugar. Luego continúa: "Quizá deberían buscar en una de las iglesias pequeñas, Southbridge o Lorton", y como respuesta inmediata el preso pronuncia sus primeras palabras desde el comienzo de la entrevista: "Usted no sabe de lo que está hablando", lo que Lightman asocia con mentir. Así, descubre que en una de las iglesias pequeñas está la bomba. Lightman señala: "Nos concentraremos en Southbridge", mientras el preso mantiene la expresión de enojo que ha tenido desde el inicio de la entrevista. Lightman finaliza diciendo: "Sólo bromeaba. Entonces en Lorton, ¿te parece?", provocando que la boca del preso se contraiga en una minúscula mueca de desdén; esto permite que Cal Lightman concluya, acertadamente, que en la iglesia de Lorton es donde está la bomba.

Así inicia el primer episodio de la serie de televisión *Lie to me*,[6] donde el doctor Cal Lightman (Tim Roth), un experto en leer el comportamiento no verbal, es capaz de determinar

11

quién miente y quién dice la verdad con sólo observar los gestos de las personas. En su afán de descubrir la verdad, Ligthman entrevista a los presuntos criminales, evidenciando tics o micro expresiones que le revelen, de forma casi inmediata, quién está mintiendo y por qué.

Aunque en la vida real no se puede llegar a conclusiones con tanta velocidad y certeza, las técnicas usadas en la serie están basadas en la evidencia científica de Paul Ekman, pionero en el estudio de las conexiones entre los estados emocionales y las expresiones faciales. Ekman es experto en el análisis de credibilidad y desarrollo de técnicas en detección del engaño. De ahí que resultara el asesor de *Lie to me*.

Los seres humanos siempre nos estamos comunicando. Dondequiera que estemos y hagamos lo que hagamos, causamos algún tipo de efecto, es decir, transmitimos mensajes.

Aun en el silencio, cuando no emitimos una sola palabra, estamos comunicándonos. Los gestos, las manos, la postura, las miradas, el tono de voz, la velocidad al hablar y la distancia personal que establecemos... todo es comunicación, y a esto comúnmente se le conoce como *lenguaje no verbal* o *lenguaje corporal*.

En años recientes se ha puesto mayor énfasis en las emociones que transmitimos sin hacer uso de las palabras. Aunque el énfasis en el lenguaje no verbal parece ser algo nuevo, la realidad es que antes de comunicarse verbalmente, los hombres prehistóricos emplearon formas no verbales para hacerse entender y para relacionarse con los demás miembros de su especie. Sin el lenguaje no verbal, sobrevivir como especie probablemente no habría sido posible.

Ray Birdwhistell, estudioso de la comunicación humana, considera que del 100% de los mensajes que transmitimos, solamente 35% se da mediante el lenguaje hablado, mientras que el resto se realiza por medio del lenguaje no verbal, es decir, a través de lo que comunicamos con el cuerpo.[7]

Nuestra conducta no verbal puede ser más exacta que los mensajes verbales, ya que generalmente demuestra nuestros estados de ánimo y actitudes personales; por lo tanto, es más espontánea que las palabras. Así, podemos seleccionar y controlar las palabras antes de expresarlas, pero el lenguaje del cuerpo es más difícil de dominar. De este modo, cuando estamos diciendo algo, nuestros ojos, brazos y manos pueden transmitir exactamente la idea opuesta a lo que intentamos decir con palabras.

Muchos gestos son utilizados de manera común en todos los países, como mover la cabeza para afirmar o negar algo y fruncir el ceño en señal de molestia; sin embargo, existen otros que poseen un significado distinto dependiendo la cultura de origen de las personas. Por ejemplo, sacar la lengua se considera en muchos países un insulto y un gesto de mala educación, pero para los tibetanos es un modo de saludo y muestra de respeto.

En este sentido, Charles Darwin, en su libro *La expresión de las emociones en el hombre y en los animales*,[8] publicado en 1872, afirmaba que existe una serie de emociones básicas compartidas genéticamente por el hombre y los animales —como el enojo—, que son expresadas por el movimiento de los músculos del rostro, lo cual produce una reconocible expresión facial de una emoción determinada. Por ejemplo, cuando un humano y un mono se enojan, ambos pueden experimentar un enrojecimiento de la cara. Paul Ekman coincidió con Darwin al afirmar que los seres humanos contamos con gestos universales y clasificó dichos gestos en siete emociones básicas que todos los seres humanos compartimos: alegría, asco, desdén, enojo, miedo, sorpresa y tristeza.[9]

Cada uno de los factores asociados a la comunicación y al comportamiento no verbal está conectado con las emociones universales básicas. Conocer el significado de ellos es de gran ayuda, ya que, al usar los gestos de manera consciente, podremos expresarnos mejor y transmitir lo que deseamos. A continuación analizaremos estos aspectos.

La voz es el primer elemento que asociamos con el lenguaje, puesto que nos posibilita emitir palabras; su componente no verbal está relacionado con los sentimientos. El volumen de la voz nos permite poner énfasis o regular lo que decimos.

Un volumen de voz bajo generalmente indica timidez, tristeza o sumisión. Por el contrario, hablar con voz alta y firme demuestra seguridad y confianza.

La expresión facial manifiesta las emociones y transmite una gran cantidad de información sobre nuestra personalidad. Una sonrisa auténtica comunica emociones de manera espontánea y puede percibirse a través de la actividad muscular alrededor de los ojos: estos aparecen más cerrados y en los extremos se pronuncian las arrugas llamadas "patas de gallo".

A través de los ojos transmitimos una gran cantidad de información. Mirar directamente a los ojos de nuestro interlocutor demuestra buena disposición para la comunicación interpersonal. Lo contrario es desviar la mirada o no mirar a los ojos, que puede indicar que la persona está mintiendo. Los ojos muy abiertos indican sorpresa y admiración, mientras que los ojos más cerrados o forzadamente cerrados denotan desconfianza, seriedad o desaprobación. Las personas que miran a los ojos suelen inspirar más confianza y ser más sinceras que las que rehúyen la mirada.

Hay ciertas conductas que provocan desconfianza, como jugar con el cabello, frotarse los ojos o morderse las uñas. Tocarse la nariz puede ser signo de que la persona está mintiendo, lo mismo que rascarse el cuello, taparse la boca con la mano, apretar los dientes o reírse con la boca muy cerrada.

La postura refleja nuestro estado emocional. Una postura rígida puede indicar ansiedad, mientras que una postura encogida denota abatimiento o tristeza. También la forma de andar aporta información: caminar con las manos en los bolsillos o cruzar los dedos a la altura del pecho puede mostrar una actitud defensiva. Cruzar los brazos es un signo claro de actitud defensiva, pero si además lo hacemos con los puños cerrados significa también una actitud hostil. En cambio, cuando cruzamos y entrelazamos nuestras manos por detrás de la espalda, estamos mostrando un alto grado de seguridad en nosotros mismos.

Otra forma de crear una "barrera" con el interlocutor se manifiesta al sujetar algún objeto contra nuestro pecho (un bolso, un libro, una carpeta, etcétera). Cruzar las piernas, al igual que los brazos, denota una actitud defensiva o de desconfianza. Cruzar las piernas mientras permanecemos de pie denota una actitud defensiva, pero si las mantenemos ligeramente separadas, muestra una actitud cordial y abierta.

Por otra parte, frotarse las manos significa que esperamos algo bueno, que tenemos una expectativa positiva o que hay un buen entendimiento entre las dos personas que se comunican. Juntar las yemas de los dedos de ambas manos revea un alto grado de confianza en nosotros mismos y gran seguridad. Es muy común encontrar personas que se muerden las uñas, chasquean los dedos o golpean sobre la mesa con las yemas, lo cual demuestra inseguridad y nerviosismo. Si una persona apoya su barbilla sobre su mano, ese gesto puede significar aburrimiento. Pero si apoya su mano con un dedo sobre la sien o sobre la mejilla, denota interés por el tema que se está tratando.

El aspecto de las uñas (sucias, largas, descuidadas, etcétera) indica el nivel de autoestima e imagen de la persona. La textura o dureza de las manos habla del tipo de trabajo que realiza, mientras que la sequedad o la humedad revela su grado de ansiedad o nerviosismo.

Por último, el tema de las distancias es de gran importancia a la hora de entablar contacto o una conversación con otra persona. ¿Alguna vez has estado con alguien que se mueve hacia atrás para mantener una distancia cómoda? Hay mucha gente a la que no le agrada que otros "invadan" su territorio o zona personal (entre 45 y 120 centímetros); todo depende del tipo de relación que se establezca con los demás. Por ejemplo, durante la comunicación con personas desconocidas, la distancia debería ser más amplia para evitar sentirnos incómodos (entre 120 y 360 centímetros). Por otra parte, hay quienes incluso tocan el brazo o las manos del interlocutor, pues el tacto puede ser positivo y generar simpatía y una relación de calidez; pero si la persona que lo recibe no lo entiende de esta manera, puede generar rechazo.

Dado que nos desenvolvemos en un contexto familiar, laboral y social, es necesario desarrollar formas de comunicación efectiva, a través de las cuales podamos entender de la mejor manera posible el modo en que transmitimos información a los demás y viceversa. No todos los seres humanos respondemos a los mismos estímulos, ya que tenemos diferentes maneras de percibir el mundo; por lo tanto, es importante poner atención a lo que nuestro cuerpo está diciendo en el momento de entablar comunicación con alguien.

3

¿HERMANOS O RIVALES?

Cuando eran pequeños, los hermanos Adolf y Rudolf Dassler competían deportivamente entre ellos. Su padre, de profesión zapatero, había alentado en el innovador Adolf —cuyo apodo era Adi— el deseo de hacer zapatos deportivos ligeros, que se amoldaran al pie de los atletas. Por su parte Rudolf —Rudi— era experto en las relaciones públicas y la contabilidad. Los hermanos se complementaban bien, por lo que decidieron fundar la "Fábrica de zapatos de los hermanos Dassler". Sus productos tenían calidad y el equipo alemán de atletismo decidió utilizarlos en los Juegos Olímpicos de 1936. Pero también los estadounidenses usaron sus zapatos deportivos y, gracias a las cuatro medallas de oro conseguidas por el atleta afroamericano Jesse Owens, el nombre de los hermanos Dassler fue conocido internacionalmente.

Pero la Segunda Guerra Mundial enfrentó a los dos hermanos: mientras Adi se resistió a unirse al ejército nazi, Rudi defendió la causa alemana y fue enviado al frente. Al terminar la guerra fue hecho prisionero y acusado de ser simpatizante de Hitler. Una denuncia anónima condujo a su arresto y Rudi siempre sospechó que su propio hermano lo había denunciado. Adi se quedó con la fábrica de zapatos, y en 1949 la rebautizó con el nombre *Adidas* (combinación de su nombre y apellido), mientras que Rudolf tuvo que mudarse a otra ciudad para abrir en 1948 una nueva fábrica llamada *Puma* (su apodo de niño). A partir de ese momento ambas marcas se enfrentaron en todo momento.

La primera victoria de esta batalla fue para Adi en el Mundial de Futbol en Suiza, en 1954, al adjudicarse el contrato de los zapatos deportivos para el equipo nacional. Dichos zapatos tenis fueron diseñados especialmente para evitar resbalones en caso de lluvia, tal como ocurrió en el partido final contra la selección húngara que Alemania ganó por 3-2.

La rivalidad entre los hermanos Dassler pasó a sus hijos, con una competencia que se recrudeció al tratar de patrocinar a los mejores atletas. Puma se volvió muy popular al contratar al futbolista Pelé para el Mundial de México 1970.

Desde su rompimiento y hasta la muerte de Rudi, en 1974, los hermanos no volvieron a dirigirse la palabra. La enemistad fue tan grande que Adidas emitió un breve comunicado tras el fallecimiento del hermano mayor: "Por razones de piedad humana, la familia de Adolf Dassler no hará comentario alguno sobre la muerte de Rudolf Dassler".[10] Cuatro años después murió Adi, y su tumba fue colocada lo más lejos posible de la de su hermano.

La historia anterior es una, entre muchas, acerca de la rivalidad fraterna, pues desafortunadamente esta cuestión es una de las más antiguas de que se tiene memoria.

La misma Biblia relata que, en los orígenes de la humanidad, Caín mató a Abel, su hermano, por los celos que experimentó al ver cómo las ofrendas de éste le agradaban a Dios más que las suyas.

Los celos son la raíz de la rivalidad entre hermanos. Al nacer el primer hijo es lógico que toda la atención de los padres sea para él, pero cuando nace un segundo hijo, la porción de tiempo que los padres le dedican al mayor se reduce porque el nuevo miembro de la familia requiere mucha atención y cuidados. Entonces el hijo mayor puede sentir que sus papás dedican muy poco a jugar con él, y por su mente ronda la idea de que el "intruso" de la familia es el causante de que lo hayan "dejado de querer".

La rivalidad fraterna puede definirse como un conjunto de emociones, sentimientos y comportamientos que experimentan algunos niños frente al nacimiento o la presencia de sus hermanos.[11] Los hijos buscan de sus padres tiempo, atención, aprobación y cariño; sin embargo, éstos se ven limitados y deben dividir su atención para atender las necesidades de cada uno de sus hijos. Éste es el momento en que los niños pueden sentir celos del tiempo que los padres pasan con el hermano.

Aunque los celos son el origen de la rivalidad, no necesariamente implican por sí solos un enfrentamiento como el de los hermanos Dassler. Muchas veces se quedan en situaciones pasajeras o concretas que se resuelven cuando el hermano celoso es compensado u obtiene la atención que desea.

¿Cómo se manifiesta la rivalidad entre hermanos?

La rivalidad entre hermanos se manifiesta de diversas formas. Una de las más comunes es mediante peleas caracterizadas por riñas, golpes y mordiscos, jalones de cabello u otras conductas agresivas como escupir o aventar cosas. Las amenazas, las palabras de odio, la provocación o la burla también son formas de agresión violentas, donde el que se burla del más vulnerable se siente superior.

Expresiones como "¡Vete, no quiero jugar contigo!" o negarse a compartir un juguete son intentos del niño para romper los lazos afectivos con el hermano rival, pretendiendo que no existe. Es justamente este tipo de rivalidad, en la que el hermano parece invisible, una que debe tomarse en cuenta más seriamente.

Recuerdo los dibujos de algunos de mis pacientes. Un niño representó a toda su familia (incluido el perro), pero no al hermano con el que rivalizaba, quien desapareció "mágicamente" del dibujo. Otro dibujó al hermano rival en el extremo de la hoja, aislado de la familia, y más pequeño que el resto.

Posiblemente, al leer las líneas anteriores, sientes que tus hijos pelean más de lo que desearías y quieres parar esta situación antes de que se convierta en una batalla al estilo Caín y Abel. Sin embargo, es importante entender que este tipo de rivalidad es normal y, hasta cierto grado, necesaria para ayudar en el proceso de socialización del niño.

Recuerda que en el fondo de esta hostilidad están los celos. La presencia del hermano le recuerda al niño su incapacidad de afrontar la frustración por el sentimiento de pérdida de afecto de sus padres, y ante este sentimiento, el niño llama la atención para captar nuevamente dicho afecto.

Si las peleas entre tus hijos te tienen abrumado, a continuación encontrarás algunas sugerencias que pueden serte útiles para afrontar esta rivalidad:[12]

- Aunque parezca difícil, debes evitar involucrarte en las peleas de tus hijos, excepto cuando exista el peligro de que se hagan daño físico. Permitirles que resuelvan por sí mismos sus conflictos les dará la oportunidad de adquirir habilidades para solucionar problemas en su vida.

- Cuando parezca que el pleito puede rebasar los límites, es necesario que los separes hasta que se calmen, para evitar que se lastimen. Cuando los niños están abrumados, no tienen la capacidad de razonar ni de pensar en lo que están haciendo.

Si necesitas intervenir en una pelea entre tus hijos, debes motivarlos a que busquen soluciones por sí mismos, a que aporten ideas y a que lleguen a un acuerdo.

- Lo importante en una discusión entre hermanos no es determinar quién es el culpable del conflicto —ya que todos los involucrados en él tienen un grado de responsabilidad—, sino ayudarlos a que encuentren soluciones de las que todos puedan obtener algo positivo. Por ejemplo, cuando ambos quieran un mismo juguete, lo ideal será que se los retires y, en su lugar, les proporciones uno con el que puedan jugar juntos.

- Para prevenir peleas es necesario que tú y tu pareja establezcan reglas claras de comportamiento. Por ejemplo, si los insultos y los apodos, o gritar y azotar la puerta, no están permitidos en tu casa, debes hacerlo saber a tus hijos. Al retroalimentar sobre los conflictos, habla con tus niños sobre lo que pasó y cómo se solucionó; además, recuérdales las reglas de la casa y las consecuencias de no cumplirlas.

- Es primordial que tus hijos entiendan que, a pesar de ser hermanos, no pueden recibir el mismo trato, ya que, dependiendo de sus características, su edad o las necesidades de cada quien, requerirán mayores o menores cuidados que el otro. Además, tratarlos de manera diferente también implica que tengan distintos privilegios y responsabilidades, porque son personas diferentes.

- Dales a tus hijos atención individual todos los días, un poco de tiempo por separado, donde puedas compartir sus gustos. Esto los hará sentir importantes y queridos.

- Considera que mientras los niños se enfrentan con sus hermanos, están aprendiendo lecciones importantes de vida, como valorar el punto de vista de los demás, controlar sus impulsos y compartir lo que tienen.

- Por último, desecha la idea errónea de que tus hijos deben ser amigos de por vida, porque muchas veces esto es poco realista.

4

¿POR QUÉ CRITICAMOS?

Winston Churchill, primer ministro del Reino Unido durante la Segunda Guerra Mundial, y uno de los grandes líderes de todos los tiempos, decía que las críticas pueden no ser agradables, pero son necesarias. Cumplen la misma función que el dolor en el cuerpo humano porque llaman la atención sobre el deterioro de nuestro organismo.[13] Aunque Churchill era un político y no un científico, no estaba tan equivocado en su afirmación, pues es sabido que las experiencias de rechazo, las críticas y la humillación se procesan en la misma parte del cerebro encargada de tratar el dolor.[14]

¿Alguna vez has contado cuántas veces, desde que te levantas hasta que te acuestas, criticas a alguien? Todos hemos criticado en algún momento o disfrutado oír hablar mal de alguien, pero... ¿Qué sucede cuando somos los protagonistas de la crítica?

Es un hecho que buscamos ser aprobados y recibir la menor cantidad posible de críticas. Muchas veces, en ese afán de ser aceptados, vivimos al pendiente de lo que piensan los demás, y esto nos hace débiles y limita nuestra capacidad para desarrollarnos. Dejarnos influir y afectar por las palabras de otros es señal de una baja autoestima, sobre todo porque cuando somos juzgados generalmente nos molestamos, cambia nuestro estado de ánimo y nos sentimos acomplejados.

Uno de los principios del budismo para mantener la paz espiritual consiste en no criticar. Sin embargo, probablemente éste sea uno de los preceptos más difíciles de seguir porque por naturaleza nos gusta hablar mal. Cuando vemos algo que no nos gusta o que no es acorde con nuestras expectativas y nuestros valores, por lo general lo criticamos. Pero hay quienes sobrepasan el límite y casi son considerados verdaderos especialistas de la crítica, pues literalmente viven para señalar lo que hacen los demás.

Si te has preguntado qué se esconde detrás una persona criticona, aquí encontrarás algunas de las explicaciones más aceptadas.

- Comúnmente se dice que solemos criticar porque en nuestra vida no existen suficientes motivos para hablar de nosotros mismos. Al invertir energía en pensar y hablar de los demás distraemos la mente del malestar o el aburrimiento que nos provoca nuestra propia existencia. Criticar a otros implica no vernos obligados a hablar de nosotros mismos ni a tener que pensar en cómo solucionar los propios problemas.

- ¿Te has fijado que las personas que más critican son las más infelices, las más inseguras y las que poseen menor autoestima?[15] Así es, las personas exitosas en su vida personal y profesional difícilmente se toman el tiempo de voltear a ver lo que hacen los otros, y mucho menos se toman la molestia de criticarlos, porque están lo suficientemente ocupados con su propia vida.

- La envidia o la admiración también se esconden detrás de una crítica. Solemos criticar precisamente las cualidades que no poseemos; vemos al criticado como un rival o un competidor al que hay que hacer menos. Atacar las "debilidades" del otro nos hace sentir que podemos ponernos a su altura. Pero también la admiración inconsciente muchas veces encubre las críticas hacia alguien. La expresión: "Quien te critica, en el fondo te admira" describe muy bien la "secreta obsesión" de quien pretende ser como el criticado, aunque no haya hecho nada para lograrlo.

- Otro motivo para criticar consiste en tratar de imponer un punto de vista. A veces criticamos cuando alguien se atreve a sugerirnos algo diferente y llegamos a considerar esta acción como un ataque personal. Malinterpretamos las palabras o las actitudes de los otros como una crítica, y contraatacamos con un comentario negativo que, en el fondo, sólo revela nuestra inseguridad.

- Una de las razones para criticar más aceptadas está relacionada con la proyección de nuestros miedos e inseguridades. Cuando no admitimos ciertas características de nuestra personalidad, de nuestros pensamientos o de nuestras conductas es porque nos resultan inaceptables. Al juzgar o criticar a alguien por ser demasiado presumido o insoportable, eso que estamos juzgando o condenando es una parte de nosotros que rechazamos.

¿Te has dado cuenta de que cuando señalas a alguien con tu dedo índice, tres de tus dedos están señalándote a ti? Esos tres dedos (meñique, anular, y medio) te preguntan: ¿por qué señalas hacia afuera lo que necesitas ver dentro de ti?

Cuando señalamos a alguien criticamos algo que está dentro de nosotros; de ahí la frase popular: "Lo que te choca, te checa." (Puedes aprender más sobre la proyección en el capítulo "El efecto de la sombra", publicado en el volumen 1 de esta serie.)

Por otra parte, es bueno mencionar que no todas las críticas producen experiencias negativas. Las llamadas "críticas constructivas" nos permiten reflexionar y, al final del día, nos dejan algún aprendizaje que nos sirve para mejorar nuestra vida o, al menos, para evitar cometer los mismos errores. Para detectar este tipo de críticas es importante comprender qué motiva a las personas que las realizan, si sus razones son válidas o, por el contrario, sólo son una estrategia para humillar. Cuando quien nos critica es una persona importante para nosotros, es conveniente prestarle atención, aunque no estemos de acuerdo con su opinión.

En cualquier caso, es provechoso reflexionar sobre las críticas que recibimos y estar preparados para responder a ellas de la manera más sana posible; y si tienen algo de verdad, debemos intentar corregir nuestro comportamiento, como signo de madurez.

En conclusión, para poder convivir con nosotros y con aquello que solemos criticar en los demás, lo más importante es aceptarnos como somos, reconocer y admitir todas las partes de nuestra personalidad que nos causan dolor. En el momento en que lo hagamos consciente, podremos tener una relación más sana con nosotros mismos y con otras personas.

¿Qué te parece si la próxima vez que tengas ganas de señalar a alguien te detienes por un momento y te preguntas?: "¿Acaso nunca he hecho algo similar?". Recuerda que cualquier crítica hacia otra persona es un recordatorio de esa parte de ti con la que aún no te has congraciado.

5

¿QUÉ TAL SI LE PEGO?

Imaginemos a Juanito que, al ser reprendido por decirle groserías a su madre, llora y tira cosas al suelo, mientras hace el intento de pegarle. Posiblemente, la primera tentación que venga a la mente de la angustiada madre sea poner un "hasta aquí" tajante mediante una bofetada, porque piensa que la mejor manera de disciplinar a su hijo es con una acción inmediata, que deje una consecuencia clara de la conducta que desaprueba. ¿Aprenderá Juanito que su comportamiento es inaceptable o se traumará y se volverá una persona resentida?

Comúnmente creemos que una nalgada, una bofetada o un pellizco de vez en cuando son inofensivos y necesarios para disciplinar a los pequeños, porque, hasta cierto punto, esas estrategias han sido algo "normal" en la sociedad y son parte de la rutina en el seno de muchas familias. Incluso, quizá los padres de hoy utilicen este recurso porque es lo mismo que vivieron en sus casas cuando eran niños. La UNICEF (Fondo de las Naciones Unidas para la Infancia) ha declarado que cerca de 300 millones de niños de 2 a 4 años en todo el mundo (3 de cada 4) son habitualmente víctimas de algún tipo de disciplina violenta por parte de padres o cuidadores y 250 millones (alrededor de 6 de cada 10) son castigados por medios físicos. [16]

Sin embargo, se ha comprobado que el uso de la violencia al disciplinar a los hijos no se justifica, porque daña la autoestima del niño y éste llega a percibirse solo, abandonado y triste. En lugar de ver a sus padres con cariño, aprende a obedecerlos por temor, ya que asocia el maltrato con el peligro. ¿Puede confiar un niño en alguien que lo maltrata? No. Y por esta razón se va esfumando el afecto y la comunicación entre él y sus padres.

Imaginemos ahora que a Juanito lo jalan de los cabellos porque golpea a su hermano pequeño. Cuando no esté vigilado por sus padres, Juanito volverá a golpear a su hermano, porque no es capaz de entender la conexión que existe entre un jalón de cabellos y un mal comportamiento. En cambio, si en lugar de amenazarlo con golpes, se investiga por qué es agresivo y se le enseña a comportarse de manera más aceptable, es probable que se obtengan resultados más favorables.

Por lo tanto, la mejor manera de disciplinar a los hijos es procurando el equilibrio entre los elogios y las recompensas que se les proporcionan, el establecimiento de límites y la imposición de normas.

Los castigos también son útiles, pero no aquellos en los que se emplea la violencia, sino los que retiran privilegios, como el tiempo en internet, los dulces o las salidas de casa.

Imaginemos una vez más a Juanito, ahora robando dinero de la bolsa de su mamá. En lugar de golpearlo por lo que ha hecho, se le podría disciplinar privándolo del dinero que se le concede semanalmente para comprar dulces en la escuela.

Otra conducta muy común en los niños, y que pone en graves aprietos a los papás, ocurre cuando van al supermercado y el niño quiere que le compren todo lo que ve: señala unas galletas y dice "quiero eso"; cuando ve los dulces dice "quiero"; cuando ve un juguete dice "quiero". Por un lado, se le pueden conceder sus caprichos con facilidad para evitar que haga berrinches, o se puede ser excesivamente estricto para salir de la situación, utilizando alguna conducta agresiva que rápidamente terminaría con el apuro (como jalarlo por el brazo para sacarlo del lugar o gritarle para que se calle).

No obstante, a largo plazo es más útil que los padres ignoren momentáneamente la conducta y sigan adelante sin comprar lo que el niño pide (después de todo, no es algo que realmente necesite), para después hablar con él en un lugar tranquilo sobre las consecuencias que puede tener su conducta.

También es frecuente que cuando hay más de dos niños en casa se peleen, se peguen y se agredan, aunque estén jugando. Seguramente, muchos padres han sentido el impulso de dar una nalgada a sus hijos, porque se les da un mensaje muy claro acerca de lo inaceptable de su conducta, y porque la nalgada detiene la pelea, aunque sea por poco tiempo. Sin embargo, a largo plazo, los pequeños aprenden que pegar está bien y que el hecho de que les peguen también es normal.

Para evitar el uso de los golpes en estas situaciones se puede hacer uso del *time out*[17] o tiempo fuera, una técnica disciplinaria que consiste en llevar al niño a una habitación asignada cuando se está portando mal (puede ser una de las recámaras de la casa, preparada para el caso). En dicha habitación se deben prohibir todos los juguetes y objetos de interés para el niño (la habitación no debe ser oscura ni tener objetos con los que se pueda lastimar). Se lleva al pequeño a la habitación y se le cierra la puerta con llave, dejándolo ahí durante algunos minutos, para que tenga la oportunidad de reflexionar sobre su conducta; al hacerlo, entenderá por qué es importante tratar con cariño y respeto a los demás e identificará las actitudes que no se pueden tolerar.

Como se puede apreciar, es importante que cuando disciplinamos a un niño platiquemos con él sobre las consecuencias de su conducta y sobre los motivos del castigo; asimismo, es necesario que describamos las conductas que esperamos de él. Si reprendemos a Juanito por golpear a su hermano menor, entonces tendremos que enseñarle a jugar sanamente, siendo respetuoso y cuidadoso.

Asimismo, es preciso conocer los sentimientos del pequeño: qué le disgusta o le molesta, qué lo induce a pegar, a gritar, a ser grosero o a actuar inadecuadamente. Hablar con nuestros hijos sobre estos asuntos ofrece oportunidades muy importantes para buscar junto con ellos otras opciones para que no "tengan" que portarse mal.

Muchas veces es necesario proporcionarles sugerencias específicas acerca de lo que deben hacer en momentos de enojo o frustración y ayudarles a encontrar alternativas para relacionarse de otra forma. Por ejemplo, cuando arrebatan los juguetes de otros niños, tal vez lo que buscan sea una oportunidad para jugar con ellos, por lo que se les pueden proporcionar sugerencias para que jueguen juntos y eviten el conflicto. Si se golpean al jugar, es necesario enseñarles a respetar los límites de espacio, las reglas del juego y a los demás.

El cumplimiento de las reglas lleva tiempo y mucha repetición. Los niños aprenderán en la medida en que los padres sean constantes en practicarlas y se conviertan en un modelo de lo que quieren ver en sus hijos.

El castigo no sólo debe poner fin a una conducta inapropiada; debe ayudarle al niño a saber por qué estuvo mal lo que hizo.

6

¿QUÉ HEMISFERIO CEREBRAL CONTROLA TU VIDA?

¿Con frecuencia tienes corazonadas? En una conversación, ¿cómo te sientes más cómodo: hablando o escuchando? ¿Qué materia se te facilita más: las matemáticas o el arte? ¿Te expresas bien verbalmente? ¿Prefieres trabajar solo o en grupo? La respuesta a estas preguntas puede revelar qué hemisferio cerebral predomina en ti.

El cerebro está constituido por dos mitades o hemisferios —el derecho y el izquierdo—, cada uno de los cuales está especializado en funciones diferentes. Aunque en general el hemisferio izquierdo predomina en los hombres y el derecho en las mujeres, todos utilizamos cada una de las áreas de nuestro cerebro, ya que éstas se encuentran interconectadas unas con otras. Un ejemplo de esto se da al leer: primero analizamos lo leído y después razonamos esa información para ponerla en práctica; en estas acciones ambos hemisferios participan de manera conjunta. Sin embargo, es importante aclarar que las funciones de los hemisferios cerebrales están ligeramente lateralizadas; es decir, el hemisferio derecho se ocupa de realizar tareas específicas, mientras que el izquierdo hace lo mismo con otras. Los expertos creen que el grado de conexión entre ambos hemisferios es la base de nuestra inteligencia.

¿Cuáles son las diferencias entre los hemisferios cerebrales?

El hemisferio izquierdo es más racional y lógico y, por lo tanto, las personas con esta predominancia son más detallistas, lógicas y analíticas. Por su parte, el hemisferio derecho es más intuitivo e integral, por lo cual las personas con esta predominancia son más creativas, reflexivas y subjetivas.[18]

El hemisferio derecho recibe información y controla los movimientos del lado izquierdo del cuerpo, y el hemisferio izquierdo hace lo mismo respecto del lado derecho, lo cual se debe a que los conductos ópticos de cada lado del campo visual se cruzan al lado opuesto.

Está demostrado científicamente que cada lado de nuestro cerebro cumple funciones determinadas. Por ejemplo, el hemisferio izquierdo está relacionado con asuntos específicos del habla, como la gramática y la generación de palabras, ya que es responsable del lenguaje verbal y de la habilidad lingüística. Además, también dependen de este hemisferio la capacidad de análisis, la resolución de problemas matemáticos, así como la memoria y el pensamiento lógico y racional.[19] Las personas organizadas, a las que les gusta que todo esté planificado y siga normas establecidas, tienen más desarrollada la parte izquierda de su cerebro.

Por su parte, el hemisferio derecho es mejor para funciones no lingüísticas; favorece la habilidad para interpretar signos, señales y metáforas, así como la capacidad de soñar y de imaginar realidades alternativas. La creatividad y las habilidades para el arte y la música también se encuentran en personas con predominancia del hemisferio derecho. Del mismo modo, una persona que se maneja por sus sentimientos y es empática está dominada por este hemisferio.

Lo anterior no significa que una persona con predominio de un hemisferio no pueda realizar una determinada tarea que es característica del otro hemisferio, sino que la predominancia de un lado del cerebro implica que puede realizar la tarea de manera más rápida y mejor que el otro. Así, por ejemplo, una persona dominada por el hemisferio izquierdo, en quien los procesos lógicos y racionales están acentuados, tendrá mayores dificultades para mostrar sus emociones o para percibir los sentimientos de otra persona; sin embargo, lo anterior no significa que sea incapaz de sentir o de colocarse en la situación emocional de alguien.

Después de leer esto tal vez te preguntes: ¿qué es mejor, la dominancia del cerebro derecho o la del izquierdo? En realidad, ninguna es mejor que la otra, pues cada una tiene sus ventajas y desventajas; además, no se trata de algo que se pueda elegir. Por ejemplo, los cerebro-izquierdo son personas obedientes y disciplinadas, pero que rara vez se atreven a probar cosas nuevas porque sienten miedo a aquello que desconocen. Son personas que trabajan sobre información válida, demostrable y medible.

Para las personas cerebro-derecho puede parecer maravilloso ser descritas como creativas, empáticas y dispuestas a relacionarse bien con la gente; sin embargo, también suelen ser más impulsivas, desordenadas e imprevisibles.

Ante este panorama, parece claro que lo mejor que se puede hace para potenciar el uso del cerebro es equilibrar los hemisferios para lograr resultados óptimos, fortalecer la relación entre ambos y evitar trabajar una sola parte. Ya que el cerebro es un órgano extremadamente plástico y dinámico, que interacciona con los estímulos ambientales, es posible llevar a cabo ejercicios que influyan en la actividad cerebral.

¿Cómo estimular los hemisferios cerebrales?

Si eres una persona analítica y organizada deberás desarrollar la parte derecha de tu cerebro, y para ello es recomendable que hagas un cambio en tus hábitos. Por ejemplo, descubre nuevas rutas para ir al trabajo o a la escuela, usa la bicicleta u otro transporte en lugar del auto, ve algo diferente en la televisión o, si es posible, cambia la decoración de la casa de vez en cuando. Otras actividades que pueden serte útiles son contar historias a través de dibujos, meditar, escribir analogías y metáforas.

Si te mueves más por sentimientos e impulsos, entonces te convendrá estimular la parte izquierda de tu cerebro haciendo ejercicios de palabras cruzadas, juegos de números como el Sudoku y organizando listas. Asimismo, es recomendable que escribas historias en forma secuencial, armes rompecabezas, resuelvas crucigramas y participes en juegos de memoria.

También hay algunas actividades que ayudan a fortalecer ambos hemisferios cerebrales y que pueden resultar muy beneficiosas para ser más equilibrados y completos, como tocar un instrumento musical, cantar, recitar poesía, escribir, hacer mímica o bailar. Además, es recomendable que utilices tu mano menos dominante para realizar actividades cotidianas como abrir y cerrar la llave del agua, peinarte, amarrarte los zapatos, lavarte los dientes o tomar algún objeto.

Y ahora, ¿estás listo para desarrollar por igual tus dos hemisferios cerebrales? ¡Atrévete a intentarlo! El siguiente es uno de los ejercicios para estimular los hemisferios cerebrales más completos que existen.

Pon la imagen siguiente en un lugar donde puedas verla claramente. Tienes que leer cada una de las letras del abecedario que están representadas en mayúsculas y, al mismo tiempo, realizar los movimientos correspondientes según la letra en minúsculas que hay debajo de cada una. Estos movimientos son:

- *d:* levantar el brazo y pierna derechos
- *i:* levantar el brazo y pierna izquierdos
- *j:* levantar ambos brazos y saltar

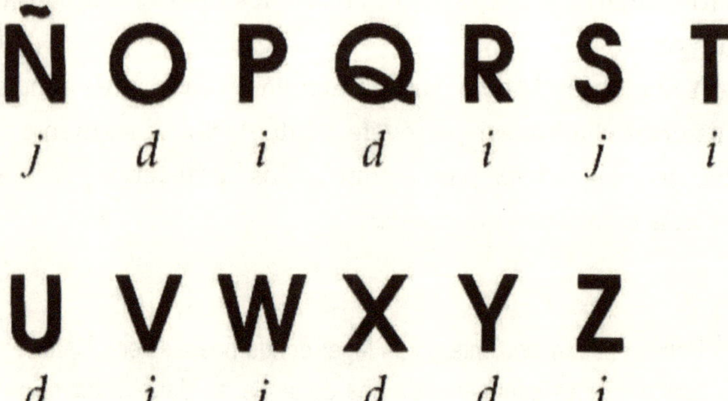

7

¿ERES LO QUE QUIERES SER?

¿Has sentido que con tu capacidad para realizar una determinada actividad podrías ganar más dinero y ser más exitoso? ¿Por qué no lo has logrado? Tal vez el miedo o la inseguridad no te han permitido ser lo que en realidad quieres.

Muchas veces, el trato que recibimos de nuestros padres durante la niñez es el factor que determina las limitaciones que tenemos para alcanzar nuestros objetivos en la vida; sin proponérselo, muchos padres son controladores, dominantes, sobre protectores o agresivos.

De padres así es muy probable que se críen hijos inseguros y temerosos de enfrentar el mundo, dependientes física y emocionalmente. Lo anterior repercute en muchas áreas de la vida, y una de las más afectadas es la económica o profesional, ya que en este ámbito requerimos seguridad en nosotros mismos.

La percepción que tenemos acerca de cómo somos, lo que podemos hacer o lo que creemos saber de nosotros, se denomina "autoconcepto".

El autoconcepto es el conjunto de ideas y creencias que tenemos acerca de nuestra persona, de cómo creemos que somos en relación con nuestras habilidades, capacidades, destrezas y limitaciones. También forman parte del autoconcepto el conjunto de experiencias, ideas, sentimientos, emociones, opiniones y conocimientos adquiridos a lo largo de nuestra vida. Por lo tanto, es necesario entender que ningún aspecto positivo tiene lugar en la vida si nuestro autoconcepto es pobre o está deteriorado.

Para poder lograr los cambios que nos lleven a desarrollar nuestras potencialidades, es necesario entender cuáles son los tres componentes fundamentales del autoconcepto.

1. Yo ideal

¿Admiras a alguien? ¿Qué te gusta de esa persona: su aspecto físico, la imagen que proyecta, sus cualidades, sus valores, sus logros?

El yo ideal es la imagen perfecta de nosotros mismos, lo que nos gustaría ser y oír de nosotros; representa lo mejor de la gente que más admiramos. El yo ideal tiene una función positiva porque nos ayuda a movernos del lugar donde estamos para proyectarnos hacia lo que podemos llegar a ser. El yo ideal hace que evitemos conformarnos con lo que somos y que aspiremos a lograr más.

2. Autoimagen

¿Qué opinas de ti cuando te ves al espejo? ¿Te percibes simpático y ganador, o te ves fracasado y sin atractivo?

Muchas veces amanecemos decepcionados de nuestra vida, de lo poco que hemos logrado o de lo que no hemos alcanzado. Otros días nos sentimos optimistas, con deseos de vivir a plenitud, de trabajar arduamente para alcanzar nuestras metas.

Lo que ocurre a nuestro alrededor, las experiencias buenas y malas, son transferidas al inconsciente (estructura mental donde se aloja todo aquello que no percibimos y sobre lo que no tenemos control), y de esta manera se va formando nuestra autoimagen.

La autoimagen es muy importante porque determina nuestra actitud ante la vida. Si pensamos que somos capaces, nos vamos a sentir motivados para actuar y vamos a tener éxito. Si creemos que somos incapaces, la mayor parte de las veces ni siquiera lo vamos a intentar y nuestros esfuerzos serán infructuosos. Imagina a un muchacho tímido que piensa que ninguna chica se interesa en él y que, efectivamente, siempre que se acerca a alguna es rechazado, porque él mismo genera el rechazo con su forma de pensar.

La autoimagen es determinante para que triunfemos o fracasemos, porque somos consecuencia de lo que pensamos. Es imposible ser más o lograr más de lo que la imagen que tenemos de nosotros mismos comunica.

3. Autoestima

¿Qué tanto te agradas y cómo te sientes contigo mismo? Las creencias que tienes acerca de ti, sobre tus cualidades, tus capacidades, lo que sientes y lo que piensas, se conoce como autoestima. Todo lo que pasa alrededor de tu vida tiene efecto en tu autoestima. Ésta determina tu felicidad, tu entusiasmo y tu energía. Mientras más te agrades, mayor será tu autoestima, y mejor será tu situación económica, familiar y personal. Por el contrario, si no te agradas, tu autoestima estará por los suelos y ¡ni hablar de tu vida familiar y personal!

La buena noticia es que tenemos el poder de cambiar los conceptos y las percepciones negativas que hemos concebido sobre nosotros mismos. Al hacerlo, transformaremos nuestra vida y desarrollaremos plenamente nuestras capacidades.

Recuerda que cada vez que pensamos, mantenemos un diálogo con nosotros mismos. Estos pensamientos son transferidos a nuestro inconsciente y determinan que nos sintamos felices o infelices, atractivos o desagradables, fuertes o débiles.

La intensidad de estos pensamientos determina nuestra autoimagen y, en consecuencia, nuestro autoconcepto. Es importante concentrarnos en el presente, enterrar las experiencias negativas y sólo recordar las cosas positivas del pasado. Por ejemplo, si piensas mucho en tus fracasos pasados, es recomendable hacerlo únicamente en términos que te permitan lograr un mejor desempeño en el futuro. ¿Qué pudiste hacer diferente para lograr que tu relación de pareja no fracasara o para que ese negocio en el que perdiste dinero tuviera éxito? Analiza los errores y enlista posibles soluciones; luego, visualízate haciéndolo mejor la próxima vez.

Toma en cuenta que, ya sea que lo que insertes en tu pensamiento sea un mensaje positivo o negativo, el inconsciente lo creerá de cualquier forma, sin distinguir entre realidad y fantasía. Ésta es la clave para que comiences a desarrollar todo tu potencial: cree firmemente que lo que deseas puede ser verdad, visualízalo y desempéñate al máximo hasta que lo consigas.

Esto no significa que con sólo pensarlo te convertirás en esta persona que admiras y deseas ser. Messi no se convirtió en el mejor futbolista con sólo cerrar los ojos; al igual que todos los futbolistas profesionales, entrenó arduamente día tras día y creó un estilo de vida conforme a sus expectativas.

La célebre frase "Finge hasta que lo logres" —*Fake it until you make it*— nos invita a mantener una mentalidad optimista y a confiar en que podemos lograr los resultados que buscamos. Si tenemos claro a donde queremos llegar, el proceso para conseguir nuestras metas será mucho más rápido. Sabremos que hemos alcanzado nuestros sueños cuando podamos reconocer que no existe diferencia entre lo que somos y lo que queremos ser.

"Para ser un gran campeón, tienes que creer que eres el mejor; si no lo eres, haz como si lo fueras".

Muhammad Ali

8

APRENDE A ORGANIZAR TU TIEMPO

¿Tienes un proyecto o una tarea que debes completar para una fecha determinada y, sin embargo, no tienes idea de por dónde empezar? ¿Sientes que podrías administrar tu tiempo mucho mejor de lo que lo haces? La clave para resolver tu problema es aprender a organizarte.

Es probable que tengas el propósito de establecer prioridades en tu vida y evitar la postergación de aquello que es importante. Sin embargo, a veces tus buenas intenciones no bastan. El punto central de la administración eficiente del tiempo es establecer con claridad los objetivos y las metas que deseas lograr. Para Brian Tracy,[20] uno de los conferencistas motivacionales más importantes a nivel mundial, el factor más común que enfrentamos en general en nuestras vidas es la pérdida de tiempo.

Al no tener claro qué es lo que queremos lograr, no sabemos cómo invertir el tiempo de que disponemos.

Mucha gente trabaja arduamente todos los días sin tener idea de cuáles son realmente sus metas. No obstante, para que una meta sea alcanzada con mayor facilidad es necesario que estemos motivados por los beneficios que vamos a obtener una vez que la consigamos. Por ejemplo, si aprendes un idioma porque debes pasar un examen es poco probable que alcances tu meta rápida y efectivamente, porque tu motivación es poco atractiva. Sin embargo, si tu motivación es viajar y conocer gente de otros países a través de la adquisición de una lengua nueva, entonces tu meta será alcanzada más fácilmente, porque los resultados son altamente motivantes. En pocas palabras, para administrar satisfactoriamente tu tiempo y lograr las metas que te has planteado debes querer con todas tus fuerzas el resultado final que deseas alcanzar.

El establecimiento de metas altamente motivantes es el primer gran paso para alcanzar el éxito; desafortunadamente, solamente 3 por ciento de la gente tiene metas claras en su vida. No es casualidad que dentro de este porcentaje se encuentren algunos de los más exitosos empresarios, deportistas y políticos.

Administrar el tiempo significa planear y organizar tu tiempo de manera que puedas completar tus metas más importantes lo más rápido posible.

A continuación encontrarás algunas ideas que te ayudarán a manejar tu tiempo de manera adecuada.

Prepara con anticipación tus actividades pendientes

La tarde o la noche anterior elabora una lista de tus tareas pendientes para el día siguiente. Lo más recomendable es que ésta sea la última actividad que realices antes de acostarte, ya que tu inconsciente se enfoca en tu lista y trabaja mientras estás durmiendo. Es por eso que con frecuencia despiertas en la mañana con ideas frescas y nuevas para trabajar tus pendientes. ¿Sabías que la gente que prepara su lista de deberes la noche anterior duerme mejor? Por el contrario, el insomnio está estrechamente ligado a preocupaciones relacionadas con recordar todo lo que hay que hacer al día siguiente.

Haz un calendario

Cuando organizas tus tareas pendientes reduces el estrés y el tiempo invertido en cada actividad. Planear anticipadamente lo que vas a realizar cada día, cada semana o cada mes te permite sentir que llevas el control de tu vida y aumenta la productividad en cualquier área en la que trabajes.

Luego que hayas enlistado tus actividades, tómate un momento para organizarlas en orden de importancia y pregúntate: "Si sólo pudiera hacer una cosa de esta lista, ¿cuál escogería? Y si pudiera realizar dos actividades más, ¿cuáles serían?"

Comienza tu día temprano

Para aumentar tu productividad es importante que inicies tu día temprano. Los hombres y mujeres más exitosos del mundo tienen un rasgo en común: se levantan temprano por la mañana. Tim Cook (CEO de Apple), Robert Iger (CEO de Walt Disney), Mark Zuckerberg (cofundador y CEO de Facebook) y Jeff Bezos (fundador de Amazon) se levantan diariamente entre las 4 y las 6:00 am;[21] de esta manera, tienen suficiente tiempo para planear y ejecutar las actividades del día. Como resultado, son mucho más eficientes que aquellos que empiezan su día tratando de dormir hasta el último segundo posible.

Cuando te levantas temprano y empiezas a trabajar en tus actividades prioritarias, ahorras mucho tiempo y energía.

Utiliza el Principio de Pareto

Este principio es un concepto desarrollado por el economista italiano Vilfredo Pareto en 1895, tras darse cuenta de que 20 por ciento de la población era dueña de 80 por ciento de la tierra. Esto lo llevó a la conclusión de que en toda la actividad económica podía aplicarse este principio. Brian Tracy explica que el 20 por ciento de tus actividades te dará 80 por ciento de los resultados; es decir, si tienes una lista de 10 cosas por hacer, dos de esas cosas valdrán mucho más que las otras ocho juntas. Es como comerse una rana, dice Brian Tracy, inspirado en la cita de Mark Twain: "Cómete una rana viva a primera hora de la mañana y no te pasará nada peor el resto del día".[22] La rana representa la tarea más importante —podría ser, también, la más desagradable—, que redituará tu inversión de tiempo y energía. Por lo tanto, empieza priorizando lo que necesitas hacer, basándote en la cantidad de esfuerzo que implica.

Si primero haces las cosas importantes, las que más trabajo te cuestan, administrarás tu tiempo de manera más efectiva y aumentarás tus resultados.

Organízate

Organiza el espacio en el que trabajas y te será más fácil encontrar la información que necesitas para realizar tus proyectos. Mientras más organizado y limpio esté el lugar en el que laboras, menos tiempo invertirás buscando el material que necesitas y serás más eficiente para realizar tus tareas.

Incrementa tu productividad

¿A qué hora del día te sientes mejor y con mayor energía? Es importante considerar la hora del día en la que, de acuerdo con tu reloj biológico, estás más alerta y eres más productivo. Mucha gente es altamente productiva apenas se despierta por la mañana, después de descansar toda la noche. Otros pueden trabajar creativamente toda la noche, encontrando así su momento de mayor productividad, mientras duermen por la mañana. En cualquier caso, es importante que descubras la hora del día en la que funcionas mejor para que realices en ese momento tus tareas más importantes e incrementes tu productividad.

Trabaja ininterrumpidamente

Sin duda alguna, uno de los mayores aliados de la productividad es la concentración y, por lo tanto, su mayor enemigo son las interrupciones. En la época actual cada vez es más frecuente encontrar maneras de interrumpir nuestro trabajo, ya que los teléfonos celulares y las redes sociales se han convertido en una distracción perfecta que afecta nuestra productividad. Piensa que si normalmente tardas unos 10 minutos en alcanzar un buen nivel de concentración, al interrumpir tu trabajo por cualquier motivo estarás afectando los 15 próximos minutos de tu tarea.

Tómate tiempo libre

Aprender a organizar tu tiempo también tiene que ver con disponer de momentos libres para relajarte, aclarar tu mente y a generar nuevas ideas. No pasa nada si un día decides no hacer nada; todos necesitamos "recargar las pilas" de vez en cuando. Finalmente, no te sientas mal por tomarte un descanso y dedicarte a realizar actividades de ocio, sin ningún resultado "productivo"; por el contrario, disfrútalo enormemente porque no todo en la vida se trata de trabajar.

En los capítulos finales de este libro —31 y 32— encontrarás algunas orientaciones adicionales sobre este tema que seguramente te serán de utilidad. No dejes de consultarlas.

9

¿LOS OPUESTOS SE ATRAEN?

Mi novia Polly[23] es una más entre las muchas comedias románticas que abundan en los sitios de entretenimiento por *streaming*. Es la clásica historia donde dos personas se conocen, se atraen, pero se separan por diversas circunstancias y, al final, se declaran su amor y viven felices para siempre. En esencia, no hay nada extraordinario en esta película, salvo el énfasis que pone en las diferencias entre la pareja: Reuben es un estructurado, ordenado y precavido analista de riesgos que trabaja para una compañía de seguros, cuya vida transcurre de la manera más metódica y segura posible. En el extremo, Polly es una chica entusiasta que toma la vida como viene, sin preocuparse mucho por el futuro; cambia de trabajo todo el tiempo, es desordenada y ama vivir al límite. Ambos se conocen y se enamoran, no sin antes haber pasado por todo tipo de sobresaltos, en los que tendrán que aprender de su opuesto para lograr una vida más balanceada.

Sin embargo, aunque la anterior es sólo una historia de película, en la vida real no es inusual encontrarnos casos de parejas que parecen desiguales: ella es el agua y él el aceite, y, aun así, son sumamente felices.

Una teoría muy difundida acerca de las causas de atracción y enamoramiento de las parejas es la *Ley de los opuestos,* que sugiere que cuanto más distinta es la otra persona es mayor la probabilidad de enamorarse.

La teoría de los polos opuestos[24] se basa en el principio físico del magnetismo que expone que si acercamos dos imanes se unirán con mucha fuerza cuando los polos sean positivo-negativo, pero se rechazarán y será imposible juntarlos cuando sean del mismo polo: positivo-positivo o negativo-negativo.

De acuerdo a la teoría de que los polos opuestos se atraen y los polos iguales se repelen, rechazamos a quienes percibimos como iguales a nosotros y, en cambio, nos sentimos atraídos hacia quienes son distintos.

Tan difundida es la idea de que los opuestos se atraen que se ha convertido en parte del panorama cultural contemporáneo, enfatizado por infinidad de películas, series de televisión y telenovelas. En el cine, además de Ben Stiller y Jennifer Aniston, protagonistas de *Mi novia Polly*, hemos visto surgir la atracción entre Richard Gere y Julia Roberts en *Mujer bonita*, o Leonardo DiCaprio y Kate Winslet en *Titanic*. En ambos casos, sus personajes eran opuestos, no únicamente porque provenían de ambientes socioeconómicos y culturales distintos, sino porque también su personalidad era contrastante. Para reforzar la teoría de los opuestos se cree que en una pareja buscamos un complemento que le dé "sabor a la relación", ya que vivir con alguien que ve todo exactamente igual que nosotros y que está de acuerdo en todo puede ser muy cómodo, pero también tedioso.

Diversos estudios han encontrado que personas de personalidad, opiniones y apariencias opuestas son propensas a atraerse entre sí porque se complementan. Harville Hendrix, autor del libro *Conseguir el amor de tu vida*,[25] reafirma esta hipótesis y cree que únicamente los opuestos se atraen, desechando por completo la idea de la compatibilidad, pues para él ésta es sólo la base del aburrimiento en la relación de pareja.

Por su parte, la *teoría de la complementariedad* de Winch[26] explica que se selecciona a una pareja no porque sea totalmente distinta a uno, sino porque es complementaria; es decir, la persona se siente atraída por alguien que tiene cualidades a las que se aspira, pero que no se pueden desarrollar, o por alguien que es capaz de hacer algo que el otro miembro de la pareja no puede.

Entonces, para enamorarse y, sobre todo, para formar una relación de pareja, ¿es necesario ser tan distinto a la otra persona? ¿Qué pasa cuando se tiene mucho en común con la pareja? ¿La relación está destinada al fracaso? Otros estudios apoyan la idea de que las personas que comparten sentimientos, pensamientos, valores, formas de ser, ideales y pasatiempos nos pueden atraer. De hecho, la primera investigación sobre el tema, publicada en 1918, evidenciaba que los humanos, como otros animales, tendían a emparejarse con otros individuos que se asemejan a ellos en algún aspecto.

El genetista Peter Visscher analizó una gran base de datos que incluía información sobre trazos genéticos y físicos de más de 30,000 parejas. Visscher encontró que las parejas compartían los mismos gustos, inteligencia similar y hábitos de vida afines no por casualidad, sino porque buscaban activamente a alguien con sus mismas características; es decir, encontró que las parejas compartían rasgos culturales y sociales, así como también genéticos similares.[27]

En este sentido, sitios web como *Match.com* y *eHarmony.com* intentan crear parejas sobre la semejanza de rasgos de personalidad y actitudes, basados en la idea de que la similitud en rasgos de personalidad no sólo es una buena predicción de atracción inicial, sino de estabilidad y de felicidad matrimonial. Así, mientras más se parecen a nosotros las actitudes de otra persona (como podrían ser, por ejemplo, sus opiniones políticas), más tiende a gustarnos. Es más, hay casi el doble de probabilidades de que nos atraiga alguien con quien coincidimos en 6 de 10 aspectos que alguien con quien lo hacemos en 3 de 10.

Con lo anterior, ¿tiene sustento la teoría de que los opuestos se atraen? Es difícil contestar, pero sin duda es una teoría que seguirá sosteniéndose, sobre todo porque los medios de comunicación, el cine y la televisión nos muestran a diario relatos donde protagonistas muy distintos terminan juntos, historias que suelen ser más interesantes y esperanzadoras que la unión entre personas parecidas.

En conclusión, tal parece que ni ser iguales ni ser distintos indica el fracaso o el éxito de una relación. Ninguna historia de amor está destinada al éxito o al fracaso, pues todo depende de cada uno, y no de alguna fórmula, mapa o receta a seguir.

● **10**

EL MITO DEL EFECTO MOZART

Cuando mi amiga Ana estaba embarazada de su primer hijo, leyó un libro acerca de los beneficios que la música clásica tenía para los bebés en el vientre materno. Decidida a que su primogénito recibiera estímulos que aumentaran su inteligencia, escuchaba música clásica todos los días e, incluso, usaba unos auriculares sobre su vientre para aumentar el coeficiente intelectual del bebé. ¿Crees que la música clásica tuvo el efecto deseado en el hijo de Ana?

Existen ciertas cualidades en los seres humanos que son altamente valoradas por la sociedad. Los padres suelen presumir a sus hijos cuando se trata de logros académicos con expresiones como "Mi hijo es el mejor de su clase" o "Estoy orgulloso de mi hijo". Así como Ana, muchos creen que pueden estimular intelectualmente a un niño de apenas unas semanas o, incluso, cuando aún no ha nacido. Pero, ¿es posible?

Con frecuencia se ha dicho que escuchar música clásica nos brinda una inteligencia superior, y que el efecto estimulante se multiplica cuando quienes la escuchan son los bebés.

En la década de los noventa del siglo XX, la revista *Nature*,[28] una de las publicaciones científicas más importantes del mundo, compartió una investigación realizada por Frances Rauscher sobre un grupo de estudiantes universitarios que habían escuchado una sonata del compositor austriaco Mozart durante 10 minutos. Estos alumnos, en comparación con otro grupo que escuchó música de relajación o nada, tuvieron un incremento significativo en un test de razonamiento espacial.

Gracias a estos resultados se hizo popular el término *efecto Mozart*, que había sido creado por el médico francés Alfred Tomatis en 1991, en su libro *¿Por qué Mozart?*,[29] en referencia al supuesto estímulo intelectual de escuchar música clásica. Tomatis utilizaba la música durante las sesiones de terapia con sus pacientes, afirmando que la música de Mozart podía curar casos de depresión e integrar aspectos del desarrollo y el comportamiento humano. Sin embargo, el concepto se popularizó en 1997, cuando Don Campbell publicó el libro *El efecto Mozart*,[30] donde atribuyó a la música de Mozart propiedades benéficas para curar el cuerpo, fortalecer la mente y liberar el espíritu creativo.

El experimento en el que se basó Campbell para redactar su libro sólo hacía referencia a una posible mejora a corto plazo del razonamiento espacial —capacidad de imaginar, visualizar y entender datos complejos—, y un leve aumento en la capacidad de los adultos para trabajar en ciertas tareas inmediatamente después de escuchar la música de Mozart. Sin embargo, la industria musical exageró las conclusiones del estudio de Rauscher y las utilizó como una herramienta de marketing para crear discos y juguetes dirigidos a los niños, con la finalidad de aumentar el cociente intelectual.

Hallazgos posteriores a la popularización del efecto Mozart[31] lograron explicar que la emoción inmediata es el factor determinante en el desempeño de una actividad específica; es decir, que todo lo que nos pone alerta tiende a incrementar el rendimiento en tareas mentales inmediatas, aunque sin efectos duraderos en la inteligencia en general. Dado lo anterior, una taza de café o el aroma a flores tendrían el mismo efecto en nuestro rendimiento, porque implican un aumento de la capacidad de atención selectiva y refuerzan la habilidad de identificar rápidamente la información relevante para la tarea que se está realizando.

Lo anterior no significa que la música clásica desde temprana edad no tenga un efecto positivo en el desempeño inmediato de una actividad determinada, pero no hay evidencia de que favorezca la inteligencia, y mucho menos de que los niños estén dotados de una mente brillante. Otros estudios[32] sólo encontraron un efecto transitorio que no duró más de 20 minutos después de escuchar música clásica. Incluso, el efecto transitorio no era específico de Mozart, sino de cualquier tipo de música o de la lectura de cuentos, según la preferencia del sujeto en la prueba.

A pesar de que la investigación científica ha demostrado la inexactitud de la relación entre la música clásica y la inteligencia, lo cierto es que los beneficios de escuchar música no pueden negarse. Reducción del estrés, mejoramiento del estado de ánimo, estimulación cerebral y facilitación del sueño son sólo algunos de ellos. Además, también son conocidas las intervenciones terapéuticas que usan la música como herramienta para reducir malestares psicológicos, mejorar las funciones cognitivas, desarrollar la motricidad o facilitar la adquisición de habilidades sociales, así como para reducir síntomas de algunos trastornos mentales, como la depresión. Sin embargo, si deseamos mejorar las habilidades cognitivas a través de la música, entonces lo recomendable es aprender a tocar un instrumento musical. Escuchar a Mozart o cualquier tipo de música pop no hará que los niños sean más inteligentes, pero tampoco les hará daño.

¡Ah!, y sobre el hijo de mi amiga Ana... Sí, es un niño inteligente, pero posiblemente también lo habría sido si su madre no hubiera escuchado a Mozart, sino cualquier otro tipo de música.

11

BENEFÍCIATE DEL ESTRÉS

¿Qué tan frecuentemente te sientes estresado? Todos nos hemos sentido estresados de alguna forma, ya sea por el trabajo o por las situaciones de la vida cotidiana. Aunque nos disguste admitirlo, en mayor o menor medida experimentamos ciertas dosis de estrés con relativa frecuencia.

Si bien tendemos a relacionar la palabra estrés con una consecuencia negativa, cierto nivel de estrés puede generarnos algunos beneficios y ayudarnos a mejorar nuestro desempeño físico y mental, siempre y cuando sepamos usarlo a nuestro favor.

Recordemos que desde tiempos remotos el hombre primitivo intuía peligros al acecho y respondía ante ellos, huyendo o luchando. El estrés ayudó a nuestros antepasados a escapar de los peligros y a sobrevivir entre especies depredadoras. En la actualidad, no escapamos de depredadores, pero sí experimentamos situaciones en las cuales está presente cierta dosis de estrés, la cual nos ayuda a resolver situaciones conflictivas.

Manteniendo una actitud positiva ante el estrés y aprendiendo a manejarlo adecuadamente podemos tomar ventaja de las situaciones que en apariencia resultan incómodas. Revisemos algunas de ellas.

El estrés ayuda a entender las emociones

Si ponemos atención a nuestro cuerpo, es posible descifrar diferentes emociones. Por ejemplo, cuando los músculos del cuello o los hombros están tensos y no logramos relajarlos, es probable que estemos enfrentando una situación inquieta ante la cual nos sentimos fuera de control. En este caso, tanto el cuello como los hombros nos están pidiendo que nos relajemos y descansemos. Las señales que el cuerpo nos envía nos permiten reconocer emociones que generan estrés.

El estrés señala la presencia de un peligro

Imagina que una noche vas caminando por una calle oscura y de repente se produce un ruido a tus espaldas. ¿Qué haces? ¿Cómo reacciona tu cuerpo? Inmediatamente interpretarás: "¡Ruido... en una calle oscura: peligro!" y en milésimas de segundo tu primera reacción será huir o prepararte para la lucha, porque al estar en una calle oscura y no en la comodidad de tu casa, es probable que haya una persona cerca.

Ante esta situación estresante despliegas una gran cantidad de energía en un periodo corto de tiempo, tu vista se agudiza y adquieres mayor fuerza y determinación para enfrentar el problema.

Además, también enfrentamos situaciones de conflicto en nuestras actividades cotidianas, como en el trabajo, en la escuela y en las relaciones personales, en cada una de las cuales el estrés puede ayudarnos a resolver de forma satisfactoria cada situación. Tener una discusión con el jefe, hacer un examen o huir de un perro rabioso son situaciones que nos llevan a generar niveles de ansiedad importantes para poder resolverlas.

El estrés nos prepara para conductas y emociones positivas

¿Recuerdas las emociones que experimentas cuando vas a hacer algo que te gusta mucho, como ver a tu novio o realizar un viaje? Al igual que los actores de teatro o los cantantes, que refieren experimentar cierto nivel de nerviosismo previo a cada presentación, el estrés nos motiva a desempeñarnos óptimamente.

Aumenta la motivación

Un cierto nivel de estrés permite tener la motivación necesaria para terminar una tarea inconclusa o para llevar a cabo las actividades del día a día. Está demostrado que mientras más tiempo libre tenemos para realizar las actividades cotidianas, más tardamos en concluirlas; por el contrario, somos más eficaces y tenemos mayor energía física y mental cuando debemos distribuir nuestro tiempo en una serie de tareas.

Mejora la capacidad intelectual y la memoria

El estrés puede mejorar el estado de alerta, el rendimiento y la memoria, ya que es un potenciador cognitivo que incrementa la destreza mental y ayuda a mejorar la capacidad profesional y académica. Además, un poco de estrés también puede aumentar el rendimiento físico y la resistencia, debido a que provoca la liberación de adrenalina, la cual acelera el ritmo cardiaco y ayuda al metabolismo.[33]

Evita la depresión y la monotonía

Los acontecimientos estresantes intermitentes probablemente son los que mantienen el cerebro más alerta y los que le permiten desempeñar mejor sus funciones cuando una persona está en peligro, ya que mientras existe poco estrés se cae en un estado de aburrimiento y hasta en depresión. Esta situación es muy común entre las personas jubiladas, ya que ante la falta de los habituales niveles de estrés, propios de un empleo, encuentran en las actividades rutinarias de casa muy poca estimulación para sentirse productivos. El estrés nunca va a desaparecer de nuestras vidas, pero podemos usarlo para mejorar nuestro día a día.

Cuando la ansiedad se vuelve extrema, existen técnicas[34] para regular esos altos niveles de estrés entre las cuales están la relajación muscular, la meditación, la relajación por medio de la imaginación y, por supuesto, el ejercicio físico (puedes aprender más sobre estas técnicas de relajación en el capítulo "¿Sabes cómo manejar tus emociones?", publicado en el volumen 1 de esta serie). Lo más importante es que aprendamos a escuchar a nuestro cuerpo, ya que siempre está tratando de decirnos algo.

12

¿PADECES ACOSO LABORAL?

Miguel era director de mercadotecnia de una compañía multinacional y llevaba trabajando cuatro años en el puesto. Al poco tiempo de ingresar a esta compañía comenzó a darse cuenta de que su jefe ejercía mucha presión sobre los empleados, incluido él. Por ejemplo, podía citar a reuniones los fines de semana, llamaba a altas horas de la noche para "revisar pendientes" y enviaba correos electrónicos con carácter de urgente en días festivos. Si Miguel se iba a casa a las seis de la tarde, su jefe se molestaba porque tenía la costumbre de que sus empleados se retiraran después de las ocho de la noche; así que su horario de trabajo comenzó a extenderse. Muchas veces llegaba a trabajar a casa, porque su jefe le encomendaba tareas adicionales que no podía cumplir durante su jornada de trabajo. Lo que más molestaba a Miguel eran las correcciones minuciosas que el jefe hacía a todos sus escritos, leyéndolos en voz alta delante de otros empleados, para evidenciar sus errores.

En cuatro años Miguel únicamente había tomado tres semanas de vacaciones, se sentía cansado y sumamente estresado. Además, estaba consciente de que las críticas y el desprestigio hacia sus labores le habían generado un gran temor a equivocarse. Lo que nunca hubiera imaginado era toda una realidad: su lugar de trabajo se había convertido en un infierno.

En las organizaciones laborales es fácil encontrar roces o discusiones entre compañeros o superiores, pero es distinto cuando una persona o un grupo de personas ejercen violencia psicológica extrema, de manera recurrente, durante un tiempo prolongado, sobre otra persona. En estos casos podemos hablar de *mobbing*[35] (del inglés *to mob*, que significa acosar), término que en español hace referencia al hostigamiento laboral o al acoso psicológico laboral, que es mejor conocido simplemente como *acoso laboral*.

El científico sueco Heinz Leymann[36] investigó este fenómeno en la década de 1980, y fue quien utilizó por primera vez el término *mobbing*. Precisamente en Suecia se calcula que de 10 a 15% de los suicidios tienen que ver con hostigamiento laboral. Por esa razón, este país fue el primero en legislar el acoso laboral en 1983, estableciéndolo como un delito. En otros países el acoso laboral ha crecido de manera alarmante, pero, pese a la elevada cantidad de casos, no existe la cultura de la denuncia y muchas acusaciones por abusos laborales no proceden por intimidación hacia las víctimas.

El acoso laboral se apoya en conductas sutiles; es decir, no se agrede abiertamente a la víctima, sino que se busca que sea un proceso lento de desgaste psicológico, que incluye la calumnia, la ridiculización y la conducción al aislamiento, para que el agredido abandone voluntariamente el trabajo tras haber sido arrinconado.

La víctima va deteriorándose profesional y psicológicamente hasta disminuir su autoestima; luego cae en depresión, padece enfermedades psicosomáticas, insomnio y alcoholismo. En un grado extremo, puede optar por el suicidio.

Se puede considerar que el acoso psicológico es un abuso de autoridad —quien lo ejerce busca mantener su poder pues, por alguna razón, la víctima suele resultarle una "amenaza"—. Sin embargo, no necesariamente se presenta desde un superior a un subordinado, sino que puede ocurrir en cualquier dirección: superior a inferior, inferior a superior y entre iguales; todo depende de la personalidad del acosado y del acosador, así como de las circunstancias y del entorno laboral.[37]

Definir en qué momento comienza a presentarse el acoso laboral no es fácil. La víctima puede percibir agresiones, pero es probable que no se dé cuenta de la situación que está viviendo. Por ejemplo, los cambios de puesto de trabajo o de funciones sin previo aviso pueden ser la primera señal. Otras manifestaciones de acoso son las siguientes: cambiar de ubicación a la víctima en la oficina, separándola de sus compañeros; prohibir a los colegas que le hablen; juzgar su desempeño de manera ofensiva; no asignarle tareas u ordenarle responsabilidades sin sentido, denigrantes o por debajo de sus capacidades; no dirigirle la palabra o tratarla como si no existiera.

Evidentemente, las consecuencias psicológicas y físicas del acoso en el trabajo pueden ser devastadoras. Desde el punto de visto psicológico, el estrés, la ansiedad, la depresión y los trastornos del sueño son comunes; a lo anterior se pueden sumar malestares físicos como baja de defensas, problemas cardiacos y gastrointestinales. También se presentan consecuencias a nivel familiar y social como malestar en las relaciones familiares, agresividad e irritabilidad.

Muchas empresas no están del todo preparadas para abordar una situación de acoso laboral. Algunas, incluso, llegan a despedir a la persona acosada por considerarla no apta para el cargo en cuestión; es decir, la culpa recae en el acosado, que en realidad es la víctima.

Si estás siendo víctima de acoso laboral es importante que denuncies la situación a los responsables de recursos humanos de tu empresa o a los líderes sindicales. En caso de que decidieran finalizar tu relación laboral, busca asesorarte legalmente e intenta lograr una solución beneficiosa.

Una empresa bien organizada, que pone atención especial en sus empleados y en las relaciones laborales, no debería permitir el acoso laboral; sin embargo, es importante estar siempre alerta y buscar ayuda en cuanto se detecten los primeros indicios de acoso.

Busca apoyo psicológico para superar las consecuencias del acoso laboral y recuperar la normalidad en tu vida familiar y social. Un psicólogo puede ayudarte a superar los sentimientos de rencor y venganza y a trabajar con la pérdida de la autoestima, el temor y la depresión.

Conductas comunes en el acoso laboral

- Asignar tareas o proyectos con plazos que son imposibles de cumplir.
- Sobrecargar el trabajo.
- Criticar permanentemente el trabajo de la víctima, de manera injusta y exagerada.
- Retirar a la persona del trabajo que solía realizar habitualmente, dándoselo a otro empleado.
- Tener nula comunicación verbal con el empleado (el contacto es sólo por escrito).
- Realizar críticas constantes a la vida privada y a las creencias religiosas.
- Acosar telefónicamente durante el fin de semana o durante las vacaciones.
- Maltratar físicamente.
- Difundir rumores acerca de la víctima.

13

¡QUIERO SALIR DE LA "DEPRE"!

April y Frank forman un matrimonio aparentemente perfecto. Son jóvenes y guapos, tienen dos hijos pequeños, viven en una bonita casa y llevan una vida bastante cómoda. Sin embargo, al cerrar la puerta, la realidad es muy diferente: el matrimonio ha caído en el tedio y la monotonía de la rutina diaria, dándose cuenta de que su vida es vacía y carece de significado.

Con dos niños que cuidar en casa y los sueños frustrados al no poder tener una carrera propia, una desolada April empieza a ser consciente de que la dinámica de su matrimonio la ha alejado completamente de la satisfacción de sus propias necesidades; el tedio y la mediocridad la asfixian. De esta manera, pone en marcha un plan "perfecto" en el que ella y su familia podrán finalmente tener una vida emocionante. Pero cuando el plan se viene abajo, la sensación de vacío se vuelve abrumadora y April toma una decisión de consecuencias devastadoras.

En *Revolutionary Road,*[38] Kate Winslet y Leonardo DiCaprio interpretan a un matrimonio con sueños y aspiraciones que se van marchitando a medida que el día a día de la vida familiar los hace poner los pies sobre la tierra.

April anhelaba que ocurriera algo que alegrara su vida, porque en su rutinaria existencia no pasaba nada interesante. Descargaba su frustración sobre Frank, estaba de mal humor la mayor parte del tiempo y sentía el peso tremendo de una vida condenada a la monotonía permanente. Sin que ella lo supiera, su frustración había dado paso a una condición mayor: depresión.

La depresión es una de las enfermedades más frecuentes —incluso más que algunos males crónicos como el asma y la diabetes—, que lleva a las personas que la padecen a experimentar gran deterioro en su funcionamiento habitual, en su bienestar y en su calidad de vida.

La Organización Mundial de la Salud (OMS)[39] aseguraba hace más de una década que para el año 2020 la depresión sería la segunda causa de incapacidad en el mundo, sólo por debajo de las enfermedades cardiovasculares. El pronóstico resultó inexacto, ya que en la actualidad la depresión es la principal causa mundial de incapacidad, afectando a más de 300 millones de personas en el mundo. Estos datos colocan a la depresión como un problema alarmante, sobre todo porque las consecuencias de sufrirla se vuelven palpables en la vida personal y profesional. En algunos casos, puede incluso propiciar grandes tragedias.

La depresión puede definirse como un trastorno del estado de ánimo, en el que existe una sensación de vacío y abatimiento —no siempre relacionada con una pérdida—, y en la que a veces no se identifica la razón de esa emoción.

La depresión va más allá de sentirse melancólico, triste o de mal humor ocasionalmente —algunas personas refieren sentirse deprimidas cuando está nublado o ha estado lloviendo todo el día—. Consiste en un estado de ánimo intenso que involucra tristeza, desánimo, desesperanza y desesperación durante un tiempo más o menos prolongado.

Para el deprimido el mundo parece sombrío, todo se nubla, el futuro se vuelve incierto y los pequeños problemas parecen abrumadores. Los pensamientos de una persona deprimida reflejan la desesperación y el desamparo que siente, razón por la cual manifiesta ideas negativas y autocríticas. Algunas veces, más allá de la veracidad de los hechos, las personas con depresión pueden sentirse inútiles y poco valoradas.

En el área de la salud, generalmente se considera que una persona padece depresión si presenta al menos cinco de los siguientes síntomas, durante la mayor parte del tiempo, en un periodo de al menos dos semanas:[40]

- Estado de ánimo bajo o tristeza la mayor parte del tiempo.
- Pérdida de interés en casi todas sus actividades cotidianas, las cuales habitualmente provocaban placer.
- Disminución o aumento del apetito.
- Trastornos del sueño: insomnio o exceso de sueño.
- Energía a la baja y fatiga constante.
- Sentimiento de minusvalía, magnificación de los propios errores y reproche constante hacia uno mismo.
- Dificultad para concentrarse y tomar decisiones.
- Pensamientos frecuentes acerca de la muerte, que incluso llevan a la elaboración de ideas suicidas.
- Sentimientos de angustia, irritabilidad y mal humor.

A veces es posible que la persona deprimida viva periodos donde los síntomas anteriormente descritos sean realmente intensos, aunque otras veces estos mismos signos pueden estar permanentemente presentes en un grado menor durante muchos años.

¿Por qué algunas personas se deprimen y otras no?

Se ha encontrado que la depresión se origina por la acción de varios factores: químicos, hormonales, hereditarios y psicosociales (por ejemplo, a consecuencia de alguna situación traumática como la pérdida de un ser querido, la pérdida de trabajo, la jubilación, una enfermedad, un divorcio, estrés, etcétera). Incluso, variables como el estado civil o el género pueden ser factores de riesgo para desarrollar depresión.

Además, la frecuencia con que las mujeres presentan un trastorno del estado de ánimo es dos veces mayor en comparación con la de los hombres. Este hecho se debe a diversos factores, entre los cuales podemos mencionar las diferencias en la constitución biológica de cada sexo y el ciclo vital femenino que presenta constantes fluctuaciones hormonales.

Asimismo, algunos estudios[41] revelan que la mayor incidencia de la depresión en la mujer se relaciona con circunstancias sociales como su nivel socioeconómico, su grado de estudios, la cantidad de hijos que tiene, sus condiciones laborales, una mayor predisposición a padecer violencia de género, etcétera.

La estructura de nuestra sociedad, en la que se ha conceptualizado a la mujer por su condición de dependencia y de sumisión, cumpliendo sus funciones maternales y de cuidado de la familia, es también una de las causas más frecuentes de la depresión, pues exige la postergación de las propias necesidades para comprometerse en satisfacer las de los otros. Este desgaste del hogar matrimonial, que se observa en *Revolutionary Road,* es un poderoso desencadenante de depresiones en las mujeres que sienten haber entregado sus propias vidas a las necesidades de sus hijos y maridos.

Por fortuna, entre el 80 y 90% de los casos de depresión son tratables, y de 25 a 35% de los pacientes supera todos los síntomas de este trastorno una vez concluida la psicoterapia.

El tratamiento de la depresión debe ser abordado por profesionales de la salud, psiquiatras y psicólogos. Los antidepresivos suelen recetarse en casos de depresión moderada o severa, y aunque la medicación es muy recomendada para aliviar el sufrimiento, la psicoterapia es preferible para ayudar al paciente a solucionar sus conflictos y a expresar sus problemas. La psicoterapia es especialmente efectiva en personas con formas leves de depresión.

Afortunadamente, la mayoría de las personas que obtienen ayuda para su depresión logran llevar adelante una vida satisfactoria y sentirse mejor.

Si te encuentras en este caso o si conoces a alguien que sufra depresión, no dudes en buscar o recomendarle ayuda profesional.

¿TU FAMILIA TE ENFERMA?

Hay muchas razones por las que algunas personas, a pesar de los avances de la ciencia, no muestran reacciones positivas en su tratamiento médico, al igual que hay enfermos con síntomas crónicos que pasan de un médico a otro sin conseguir alivio. En muchas ocasiones, se ha encontrado que la causa de la enfermedad está relacionada con la dinámica familiar más que con la predisposición genética, tal como lo demuestra el caso de Louise Hay.

Louise Hay, la autora del *best seller Tú puedes sanar tu vida*,[42] fue diagnosticada con cáncer de útero cuando tenía poco más de 50 años. Antes de someterse a tratamiento médico realizó dietas específicas y acudió a un terapeuta para expresar la rabia que había contenido desde su infancia, pues consideraba que el verdadero tratamiento debía venir desde dentro de ella.

Louise había sufrido pobreza, inestabilidad y abusos físicos y sexuales. A los 16 años quedó embarazada y dio a su hijo en adopción. Posteriormente, su esposo la abandonó por otra mujer, lo que disminuyó aún más su deteriorada autoestima. Durante la terapia para tratar su enojo, Louise descubrió que no sólo su infancia había sido tormentosa, sino también la de sus abusadores: su madre, su padrastro y su vecino también habían sido maltratados de pequeños. Se hizo consciente de las heridas que le habían infligido y se permitió sentir y expresar la rabia que vivía dentro de ella. Tras recuperarse de su enfermedad, sin necesidad de recurrir a quimioterapia ni a cirugía, se hizo cargo de su madre, enferma y anciana, y reconstruyó la relación que tenía con ella. Louise Hay falleció de causas naturales en agosto de 2017, a los 90 años, y aún a edad avanzada siguió ofreciendo conferencias en Estados Unidos y disfrutando de actividades como la pintura, la jardinería y el baile.

El caso de Louise Hay ejemplifica cómo los seres humanos somos víctimas de una sociedad enferma, que ejerce violencia con los hijos porque no sabe cómo prodigarles amor. Las enfermedades con un origen psicosocial, situado en la familia, generan un conflicto en cualquiera de sus miembros, siendo el síntoma la manifestación de un conflicto familiar, y no sólo de quien lo padece. La enfermedad está condicionada por las relaciones y la dinámica familiar; el enfermo "carga" consigo situaciones o problemáticas que provienen de su propia familia, pero también de las generaciones que le precedieron. En cada generación el síntoma se fortalece y se magnifica hasta que se convierte en una enfermedad física. Al enfermar de cáncer, Louise no solamente había llevado consigo su propio maltrato sufrido desde niña, sino también el daño emocional y las situaciones problemáticas que habían experimentado sus victimarios en sus propias familias y que tampoco habían sanado.

Desde la perspectiva del modelo sistémico o psicoterapia familiar creado por Salvador Minuchin,[43] la enfermedad es el resultado de cuestiones familiares; es decir, es la respuesta a un contexto en el que se encuentra la persona. La familia forma parte de la sociedad y está condicionada tanto por el sistema económico como por la situación histórico-social y cultural en la cual se desarrolla. La familia es una red que une a sus miembros, cada uno de los cuales desempeña una función. La enfermedad que se produce en una persona es el resultado de una readaptación o desajuste en las relaciones de los miembros de la familia.

Pese a que la mayoría de los modelos médicos y psicoterapéuticos señalan a la persona como un ente separado de la familia, la perspectiva sistémica familiar considera que nuestras motivaciones y decisiones provienen de nuestra familia, ya que estamos determinados por ella. Prácticamente desde que nacemos, y hasta la adolescencia, no funcionamos como seres individuales porque nuestras acciones y nuestros motivos están influidos por aquellos que nos antecedieron, es decir, por nuestros padres, por nuestros abuelos y por los abuelos de éstos. Minuchin afirmaba que la enfermedad no reside en el individuo, sino en la dinámica de las relaciones y en la forma en que se estructuran los vínculos dentro del sistema familiar.

De esta forma, el cáncer, el asma o la esquizofrenia son ejemplos de padecimientos que pueden tener su origen en problemáticas familiares, independientemente de que exista o no una predisposición genética.

Para entender esto, exploremos el caso de Ernesto, un joven de 29 años diagnosticado con esquizofrenia —un trastorno mental grave que afecta la capacidad de una persona para interpretar la realidad—. Tras el diagnóstico, su familia consideró que la única solución era el confinamiento del paciente en una institución psiquiátrica, pues sus probabilidades de integrarse a la familia y a la sociedad eran nulas.

En su adolescencia Ernesto había sufrido la muerte de su mejor amigo en un accidente y desde entonces se deprimía con frecuencia. Posteriormente fue abusado sexualmente por uno de sus tíos, obteniendo nulo apoyo por parte de su familia. Desde los 20 años Ernesto había comenzado a descuidar su aseo personal, dejó de estudiar y de trabajar, usaba un lenguaje incoherente y empezó a vivir en la indigencia.

La familia de Ernesto estaba formada por el padre y once hijos (4 hombres y 7 mujeres); la madre había fallecido. Ernesto era el tercer hijo en orden cronológico. El padre únicamente tenía la responsabilidad de trabajar y proporcionar dinero a la familia. Establecía reglas y órdenes rígidas que hacía obedecer por medio de su hijo mayor. Entre las reglas impuestas, las hijas (entre los 20 y los 30 años) tenían que regresar a casa inmediatamente después de terminar su jornada laboral, mientras que los hijos menores (entre 15 y 19 años) debían hacer lo mismo en cuanto terminaban sus clases. No había contacto con otros familiares, estaba prohibido recibir visitas y visitar a alguien, y las hijas no podían tener novio.

En las sesiones de psicoterapia se involucró a todos los miembros de la familia. Los hijos consideraban al padre como un hombre muy autoritario y rígido, que restringía su vida social y sólo hablaba con ellos para darles órdenes. Uno de los primeros cambios que se introdujo estuvo relacionado con la forma en que Ernesto se relacionaba con sus hermanos: ellos le pondrían atención y evitarían en todo momento los gritos, los insultos y las críticas. A cambio, Ernesto debería asearse, realizar algunas labores domésticas, dormir siempre en casa y usar más frecuentemente un lenguaje coherente. La comunicación entre los hermanos debía ser abierta y explícita; tenían que establecer alianzas entre ellos para dialogar con el padre y buscar flexibilizar las reglas de la casa, salir e interactuar con familiares y amistades. A su vez, el padre debía involucrarse en la situación familiar y flexibilizar algunas de las reglas impuestas.[44]

Esta intervención terapéutica permitió lograr los cambios esperados en el comportamiento de Ernesto. A través de la modificación de las conductas de todos los miembros de la familia se demostró que la estructura familiar había sido un factor importante en la aparición de los síntomas del paciente diagnosticado con esquizofrenia.

Como se puede apreciar en el caso anterior, todo comportamiento en apariencia aislado está determinado o ampliamente influido por nuestro contexto familiar; es imposible desligarnos de lo que nos rodea. Cada una de las áreas de nuestra vida —la salud, el desempeño en el trabajo o en la escuela, el éxito o el fracaso de las relaciones interpersonales, el cuidado de los hijos o la economía— está vinculada con nuestra historia familiar y con la configuración actual de nuestra familia.

En el caso de la depresión, el tratamiento podría basarse exclusivamente en ese padecimiento, pero sería un error intentar modificar esa conducta aisladamente, como si el paciente no estuviera conectado con los demás miembros de su familia. Si es la madre de familia quien está deprimida, los cambios que se introduzcan en su vida no sólo afectarán a su esposo y a sus hijos, sino también a sus padres y amigos. La depresión de esta mujer puede ser una respuesta a los mensajes que recibe de su esposo, de sus hijos o de los miembros de su círculo familiar más amplio. Por lo tanto, la intervención familiar será un intento de introducir algún cambio significativo en la interacción de los miembros de la familia que evite la manifestación de los síntomas en la paciente.

Al evaluar qué tan saludable es nuestra familia, debemos profundizar dentro de la dinámica familiar, con el fin de en tender las reglas invisibles que rigen su funcionamiento. En última instancia, modificar las relaciones disfuncionales dentro de la misma nos permitirá establecer patrones de conducta más saludables.

Podemos concluir que lo que nos ocurre en la vida no depende de las circunstancias, de la buena suerte o de la casualidad, sino que está íntimamente relacionado con lo que vivieron nuestros padres y los padres de ellos antes; está conectado con la forma en que interactuamos, con nuestras relaciones predominantes, con nuestros patrones de comunicación, con la sociedad y con los tiempos en que vivimos.

"Todos somos víctimas de una sociedad enferma, y para sanar a la sociedad, hay que sanar a la familia".
Claudio Naranjo

15

¿Y TÚ CÓMO APRENDES?

¿Qué tipo de libro te gusta leer por diversión: un libro con imágenes o uno con palabras? ¿Cuál es tu mejor manera de estudiar para un examen: leer tus notas y revisar imágenes, pedirle a alguien que te haga preguntas o hacer cuestionarios? Cuando estás en una ciudad nueva, ¿cómo te mueves: utilizas Google Maps, le preguntas a alguien la dirección o comienzas a caminar hasta que encuentras lo que estás buscando? Cuando escuchas una canción, ¿imaginas el video de la canción, cantas con la música o empiezas a dar golpecitos con el pie? ¿Qué recuerdas de una persona que acabas de conocer: su rostro, su nombre o de lo que hablaste con ella?

Tus respuestas a estas sencillas preguntas guardan relación estrecha con lo que se conoce como *estilo de aprendizaje*; es decir, la forma particular que tienes de comportarte durante tu proceso de aprendizaje.

Todo el tiempo recibimos información procedente del mundo que nos rodea, de la que el cerebro selecciona una parte e ignora el resto en función de nuestros intereses. Por eso, al conocer a una persona, para algunos es más fácil recordar su cara, para otros su nombre y para otros la impresión que les produjo. Algunas personas se fijan más en lo que ven y por eso recuerdan las caras, pero tienden a olvidar los nombres. En cambio, es probable que las personas que se fijan más en lo que oyen que en lo que ven, se aprendan con facilidad el nombre antes de recordar la cara. Esto se debe a la forma en que aprendemos.

Si nos enfocamos en el ámbito educativo tenemos que reconocer un hecho incuestionable: no todos aprendemos a la misma velocidad ni de la misma forma. En un grupo, aunque todos empiecen a estudiar el mismo tema, partiendo del mismo nivel, se encontrarán diferencias en los conocimientos de cada uno de los alumnos, a pesar de que en esencia todos hayan tenido las mismas explicaciones por parte del profesor, realizado las mismas actividades y los mismos ejercicios.

Es indudable que cada persona aprende de manera distinta, lo cual es resultado de factores como la motivación, la cultura y la edad. Sin embargo, éstos no son los únicos elementos que determinan la manera en que aprendemos.

Los estilos de aprendizaje son los métodos particulares o estrategias que cada uno de nosotros empleamos para aprender algo.

Estas estrategias varían según nuestras preferencias personales y lo que queremos aprender. Por ejemplo, tal vez para ti la mejor forma de aprender sea a través de la lectura de un libro, mientras que para otra persona resulte más eficaz hacerlo a través de un audio. O quizá te has dado cuenta de que recuerdas más fácilmente el nombre de una persona que acabas de conocer que su rostro. Identificar qué estilo de aprendizaje se acomoda más a tus características cognitivas y de personalidad te permitirá hacer un mejor uso de tu tiempo, te facilitará la adquisición de información y el uso actividades y estrategias efectivas.

Existen tres grandes estilos de aprendizaje: el *visual*, el *auditivo* y el *kinestésico*. Hacemos uso del estilo visual cuando recordamos imágenes concretas (por ejemplo, al "ver" con la mente las páginas de un libro con la información que necesitamos). Usamos el sistema auditivo cuando somos capaces de oír en la mente voces, sonidos y música (por ejemplo, al recordar una conversación o al reconocer la voz de una persona que habla por teléfono). El sistema kinestésico, por su parte, nos permite recordar los sabores de la comida o los sentimientos que nos genera una canción.

En general, utilizamos un estilo de aprendizaje más que otro, porque nos habituamos a seleccionar un solo canal de información e ignoramos los datos que nos llegan por otro sistema; estamos acostumbrados a prestar atención solamente a esa fuente de información.

Por ejemplo, en la escuela los alumnos en quienes predomina el estilo visual recordarán más fácilmente las explicaciones escritas en el pizarrón, mientras que los auditivos recordarán mejor las palabras del maestro, y los del grupo kinestésico recordarán con mayor facilidad las actividades realizadas durante la clase.

A continuación encontrarás las características más importantes de los tres estilos para que puedas identificar cuál es el que predomina en tu aprendizaje.

Aprendizaje visual

Las personas visuales retienen más información cuando ésta se presenta visualmente, ya que les cuesta trabajo recordar lo que oyen. Piensan en imágenes y las visualizan de manera detallada. Las palabras escritas en el pizarrón o en una libreta les ayudan a recordar y a comprender mejor la información e instrucciones que reciben. En una conferencia prefieren leer las diapositivas a seguir la explicación oral, y deben toman notas para poder recordar con facilidad lo expuesto. Por lo tanto, el tipo de actividades que potencian el aprendizaje de las personas visuales son: ver, imaginar, leer; las películas, los dibujos, los videos, los mapas, los carteles, los diagramas, las fotos, las diapositivas, las exposiciones, las tarjetas y los bocetos.

En este sentido, recuerdo a una compañera de clase que durante los exámenes cerraba los ojos y visualizaba sus notas para poder recordar lo aprendido. Decía que representar los temas por medio de imágenes la remitía al momento exacto de la lección donde había aprendido dicho tema.

Visualizar también nos ayuda a establecer relaciones entre distintas ideas y conceptos. La capacidad de abstracción y la capacidad de planificar están directamente relacionadas con la habilidad para visualizar.

Aprendizaje auditivo

Las personas auditivas suelen mover los labios al leer, tienen facilidad de palabra y aprenden con más eficacia al oír. Comprenden la información cuando se presenta oralmente, por ejemplo, en una conferencia o en un audiolibro. Las actividades que potencian el aprendizaje de las personas auditivas están relacionadas con escuchar, oír y cantar. Los debates, las discusiones, los podcasts, las lecturas, el hablar en público y las entrevistas son actividades que se les facilitan.

¿Recuerdas a ese compañero de clase que se sentaba en la parte de atrás del salón, en apariencia ajeno a lo que el maestro explicaba, pero que era capaz de escuchar y comprender todo lo que decía? Estaba aprendiendo de forma auditiva.

Aprendizaje kinestésico

Las personas kinestésicas comprenden y retienen la información cuando tienen la oportunidad de practicarla o utilizarla en forma práctica; es decir, aprenden haciendo, no viendo ni escuchando. Los kinestésicos aprenden de manera más eficaz cuando están en movimiento; por ejemplo, al caminar o al tocar un objeto. Tocar, mover, sentir, pintar, dibujar, bailar, estar en el laboratorio, hacer y reparar cosas son actividades que les ayudan a aprender.

Desafortunadamente, para los alumnos con predominancia en este tipo de aprendizaje esto puede representar un problema, pues los maestros pocas veces ponen atención al hecho de que los kinestésicos necesitan asociar los contenidos con el movimiento o las sensaciones corporales. Quien realiza este tipo de acciones o actividades muchas veces es visto como indisciplinado, porque la educación tradicional da preferencia a los sistemas auditivo o visual que permiten mantener el orden y la disciplina en el salón de clase.

Es importante señalar que cada estilo de aprendizaje indica la preferencia por un determinado canal perceptual, no su exclusividad. Aproximadamente 60 por ciento de la gente utiliza una combinación de estos estilos de aprendizaje en su adquisición del conocimiento. Es común tener un par de preferencias principales, pero en general hay un estilo predominante. Lo más importante es detectar el que mejor se adapte a nosotros para poder "jugar" con nuestras fortalezas y aprovechar mejor los recursos con los que contamos. Mientras más sepamos acerca de nuestro estilo predominante, se nos facilitará más cualquier tipo de aprendizaje.

Recomendaciones para cada estilo de aprendizaje

VISUAL	AUDITIVO	KINESTÉSICO
• Siéntate adelante en el salón de clase. • Utiliza tarjetas para aprender nuevos conceptos. • Visualiza lo que oyes o lo que le lees. • Escribe palabras, ideas o instrucciones clave. • Haz dibujos que te ayuden a explicar conceptos nuevos. • Clasifica las cosas por colores.	• Siéntate donde puedas oír bien. • Lee historias o instrucciones en voz alta. • Graba tu voz con el texto a aprender y luego escucha la grabación. • Responde a las preguntas del examen en voz alta. • Estudia material nuevo leyéndolo en voz alta.	• Participa en actividades donde toques, construyas o te muevas. • Realiza actividades prácticas como experimentos o diseños. • Camina o balancéate en una silla mientras lees o estudias. • Utiliza una computadora para reforzar el aprendizaje a través del sentido del tacto.

16

ESTRATEGIAS PARA MEJORAR LA MEMORIA

¿Alguna vez te has preguntado qué hay de extraordinario en la persona que atiende un bar? No se trata solo de su empatía para consolar a los clientes deprimidos tras una ruptura amorosa, o de su habilidad para mezclar bebidas con rapidez. Hace años, en un estudio sobre su desempeño, se observó que los mejores cantineros tenían una memoria inusualmente detallada, ya que no únicamente recordaban los nombres de los clientes habituales, sino también las bebidas que ordenaban. Entonces se realizó una competencia que ofrecía una cantidad de dinero en efectivo al cantinero que lograra memorizar 500 nombres de clientes y la bebida relacionada con esas personas. Aunque los organizadores se mostraron escépticos de que alguien pudiera lograrlo, años después una cantinera inglesa los sorprendió al memorizar el nombre y la bebida de 3,000 clientes.[46] Ese tipo de memoria parece ser un talento innato, pero en realidad es una habilidad que se puede aprender y en este artículo verás cómo.

La memoria es un complejo proceso mental mediante el cual almacenamos pensamientos, recuerdos, habilidades y experiencias. Pero no es lo único: también es indispensable para percibir, estar conscientes de algo, aprender, hablar y resolver problemas que suponen la capacidad de almacenar información. Aprender algo exige la retención de hábitos o de información nueva. La memoria es necesaria para que el resto de nuestras funciones cerebrales lleven a cabo sus tareas de manera adecuada, pues utilizan la información que se ha registrado previamente.

Ahora bien, como cualquier músculo de nuestro cuerpo, la memoria necesita ejercitarse. Si en nuestra rutina diaria no la ejercitamos, es posible que empecemos a notar que somos menos capaces de recordar información concreta y de realizar tareas en las que solíamos ser hábiles.

Al igual que pasa con cualquier otro músculo, que al no usarlo se atrofia, no ejercitar la memoria es la forma más fácil de perderla poco a poco.

Ya sea que se trate de mejorar la memoria (en el caso de las personas jóvenes) o de retrasar su deterioro (en el caso de las personas mayores), existen diversas prácticas que pueden ayudar a desarrollar la capacidad de conservar y volver más eficiente nuestra memoria.

A continuación podrás leer algunas estrategias que te serán útiles para fortalecer tu memoria:

- Mantén una dieta sana y equilibrada, rica en vitaminas, minerales y ácidos omega. Pescados como el salmón, las sardinas y el arenque contienen buenas cantidades de omega-3, lo cual resulta importante para mantener la salud de las células cerebrales. Incluye aguacate, semillas de calabaza y cúrcuma, ya que estos alimentos mejoran todas las funciones cerebrales. Asimismo, modera el consumo de carnes procesadas y pan; reduce la ingesta de colesterol y grasas saturadas.[47]

- Haz ejercicio de manera regular para que mantengas sano y fuerte, tanto tu cuerpo como tu mente y, en consecuencia, también tu memoria.
- Evita la rutina. Las actividades diarias como ir al trabajo o hacer los quehaceres del hogar no son suficientes para desarrollar adecuadamente la memoria. Intenta realizar tareas nuevas que resulten retadoras o que simplemente te atraigan y que desarrollen tus habilidades, como jugar ajedrez, practicar un deporte nuevo, leer libros o aprender un nuevo idioma.
- Lee mucho para que fortalezcas tu memoria. El reto de leer un libro ayuda a tu cerebro a estar despierto. Un buen ejercicio es comentar con alguien el libro, una vez que hayas acabado de leerlo o conforme avances en los capítulos. Es bien sabido que la mejor forma de aprender algo es enseñárselo a alguien más, no solo porque tener que explicarlo te ayuda a comprenderlo, sino también porque recuperar la información te sirve para recordarla.
- Viaja y explora nuevos lugares, para que tu cerebro descubra nuevas sensaciones y retenga diferentes datos. Esto ayudará a tu memoria a ejercitarse.
- Descansa. Te habrá pasado que, mientras más tratas de recordar algo, menos lo logras. ¿Por qué? Porque el estrés se apodera de ti. Por ejemplo, ¿alguna vez, al encontrarte en una fiesta, olvidaste todo lo que habías estudiado para un examen? Yo sí. Recuerdo que mientras más trataba de recordar lo estudiado, menos lo lograba. Sin embargo, a la mañana siguiente, después de varias horas de descanso, podía recordar sin mayor problema lo aprendido.

Diversas investigaciones[48] recomiendan apagar la luz, relajarse y disfrutar algunos minutos de tranquilidad cuando no consigamos recordar información importante. Este breve periodo de descanso no debe ser interrumpido por el teléfono celular ni por otras distracciones, porque es necesario proporcionar al cerebro la oportunidad de descansar y "recargar baterías" sin interrupciones. Esto ha funcionado especialmente con personas que tienen problemas de memoria y se ha comprobado que pacientes que han sufrido un derrame cerebral y otras lesiones neurológicas mejoraban su capacidad para recordar de un 7 a 79 por ciento después del descanso.[49]

- Relájate. El estrés no te permite oxigenar bien el cerebro, ni pensar de forma adecuada para organizar los pensamientos; por lo tanto, tu capacidad para recordar se ve afectada.

- Ejercita tu memoria diariamente. La programación neurolingüística (PNL) considera que es un mito creer que la edad disminuye la memoria; lo que disminuye es el uso del cerebro y por eso debes ejercitar el músculo. Este enfoque maneja una serie de técnicas muy conocidas para ejercitar el cerebro y mejorar la concentración, la atención y la memoria.[50] Puedes encontrar libros y bastante información al respecto en internet.

En conclusión, la constancia es esencial para ejercitar tu memoria. Si sigues las estrategias mencionadas con paciencia y de manera regular, estarás regalándole a tu cerebro tiempo y calidad de vida.

17

LAS EMOCIONES: ¿MOTIVO DE SALUD O ENFERMEDAD?

Alegría, felicidad, miedo, enfado, ira. ¿Qué te dicen estas palabras? Correcto, se trata de emociones. ¿Podrías clasificarlas en positivas y negativas? Sin duda sabes que la alegría y la felicidad son positivas, porque te hacen sentir bien, mientras que el miedo, el enfado y la ira son negativas. Tal vez la pregunta más importante sería: ¿Sabes cómo controlar las emociones negativas y aprovechar las positivas?

El nombre que le damos a una determinada emoción depende de varios factores: en primer lugar, de un proceso en el que apreciamos, detectamos e identificamos las situaciones provenientes del exterior, y luego interpretamos dichos eventos. Con base en esto, manifestamos una determinada respuesta frente a cada situación. De este modo, experimentaremos felicidad ante la vista de un ser querido, o miedo ante la presencia de un perro que sabemos que ha mordido a otras personas.

Entonces podemos definir la *emoción* como un estado interno que se caracteriza por pensamientos, sensaciones, reacciones fisiológicas y conductas expresivas particulares. Estas emociones aparecen muy poco tiempo después de que nacemos. Por ejemplo, la angustia se presenta en un bebé que llora y se inquieta cuando tiene hambre. De la misma manera, la alegría aparece en el bebé cuando se le alimenta o se le abraza tiernamente. Entonces, las primeras reacciones emocionales funcionan como mensajes y mejoran nuestra probabilidad de supervivencia.

Daniel Goleman, psicólogo estadounidense que popularizó el término *inteligencia emocional*,[51] se refiere a la estrecha relación que existe entre las emociones que experimentamos y nuestro estado de salud. Las enfermedades tienen muchas causas: la herencia, el medio ambiente, los malos hábitos, etcétera; sin embargo, ahora también se sabe que los estados mentales afectan a nuestro organismo haciéndolo más vulnerable a las enfermedades.

Las emociones están relacionadas con nuestro modo de descifrar lo que nos sucede. Si interpretamos algo como amenazante sentiremos ansiedad. Esta reacción puede dar lugar a síntomas como dolores de estómago o de cabeza, tensión muscular o enfermedades respiratorias, como consecuencia de un acontecimiento estresante.

Como puedes observar, las emociones negativas tienen un impacto en la salud mucho más contundente que el que tienen emociones positivas, como la alegría y la calma. Por eso no es raro encontrarnos con una gran cantidad de trastornos relacionados con cuestiones emocionales y el estrés. Así, se ha descubierto que en las personas deprimidas suele ocurrir un debilitamiento del sistema inmunológico, por lo que son más susceptibles a contraer infecciones con más frecuencia que el resto de las personas.[52]

Nuestra forma de ver el mundo también influye en los síntomas. Las personas con sentimientos y pensamientos recurrentes de desesperanza, desamparo y depresión, que además tienen poca capacidad para enfrentarse a los acontecimientos estresantes, tienen más probabilidades de sufrir enfermedades crónicas como cáncer, enfermedades cardiovasculares o diabetes.

Por desgracia, la medicina moderna tiende a centrarse casi de manera exclusiva en el tratamiento de los síntomas, olvidando que en muchas ocasiones la verdadera causa de la enfermedad obedece a los intentos del organismo de lograr la propia curación.

Pero si estados mentales saludables como el optimismo, la seguridad, el contacto social, la bondad y la felicidad están a nuestro alcance, ¿por qué hay quienes "eligen" un estado emocional negativo? ¿Qué han hecho diferente quienes llevan un estilo de vida más saludable, si no son inmunes al estresante modo de vida actual? Quizá la respuesta esté en las estrategias que emplean para afrontar los niveles elevados de estrés.

Existen técnicas empleadas en psicoterapia[53] con resultados muy favorables para el manejo de las emociones negativas y el estrés. Entre estas técnicas se encuentra el *autocontrol,* una estrategia que permite desarrollar un autoconocimiento profundo sobre cuáles son las variables (individuales, familiares, laborales, interpersonales, etcétera) que están causando la enfermedad. El autocontrol consiste en realizar un registro de las veces que se presenta la conducta o el síntoma. Mientras más detallado sea el registro —cuándo, dónde y cómo aparece el problema— la información recabada dará pautas concretas sobre la conducta problema (el estrés), las situaciones o condiciones en que se da y las consecuencias que le siguen. Muchas veces, el solo hecho de poner en práctica esta auto observación hace que se produzca una mejoría momentánea del síntoma.

Por su parte, las *técnicas de reestructuración cognitiva* se enfocan en los estímulos que anteceden a la manifestación de una respuesta de estrés, y que proceden del propio individuo (pensamientos, verbalizaciones, creencias irracionales, expectativas). Se busca descubrir el origen del problema por medio de la auto observación, identificar los pensamientos irracionales y, por último, crear conciencia de que la enfermedad es resultado de pensamientos y expectativas defectuosas. La persona comienza a pensar más racionalmente y se vuelve consciente de cómo la presencia de emociones positivas y negativas influye de manera clara en su salud mental y en su proyecto de vida.

La *detención del pensamiento* ayuda a prestar atención a los pensamientos que se tienen al momento de sentirse nervioso o alterado, e identificar aquellos relacionados con connotaciones negativas (miedo, culpa, vergüenza, odio, etcétera). Posteriormente es necesario decirse a sí mismo en voz alta "¡Basta!" y sustituir los pensamientos negativos por otros con alusión positiva (confianza, felicidad, certeza, etcétera).

El *entrenamiento asertivo* y el *control de la respiración* —técnicas explicadas en el volumen 1 de esta serie—, son herramientas que puedes aprender con ayuda de un especialista y luego practicar regularmente para identificar los pensamientos negativos y convertirlos en positivos.

Para finalizar, es importante reconocer que somos capaces de manejar los eventos que ocurren a nuestro alrededor. La mente es nuestra principal herramienta, y podemos aprender las habilidades necesarias para controlarla; si somos capaces de explotar su potencial, podremos contar con ella como el instrumento más importante para enfrentar las exigencias del mundo actual.

18

TRASTORNO POR DÉFICIT DE ATENCIÓN

"Mi hijo no se está quieto", "Tarda mucho tiempo en hacer sus tareas", "Siempre está distraído", "Tengo que repetir la misma orden muchas veces para que obedezca"... Estos son algunos de los comentarios que con frecuencia refieren los padres que acuden en busca de ayuda psicológica. Afirmaciones como las anteriores hacen suponer a los padres que sus hijos padecen "déficit de atención", término usado con bastante frecuencia, como si se tratara de una "moda".

Es verdad que muchos niños que parecen incapaces de quedarse quietos, que corren, brincan, rompen cosas y no obedecen, pudieran estar mostrando una conducta que va más allá de una simple falta de educación.

Sin embargo, es importante tener cuidado cuando se "etiqueta" a un niño con déficit de atención, ya que la mayoría de los pequeños eventualmente son desatentos e impulsivos y de vez en cuando muestran altos niveles de energía. Es posible que un niño muy activo o distraído simplemente sea inquieto y curioso, y sus padres no hayan sabido adaptarse a su ritmo de aprendizaje. También puede tratarse de un niño desobediente y malcriado que no ha sido educado con límites y reglas en el hogar. No obstante, en el caso del trastorno por déficit de atención con hiperactividad (TDAH) la impulsividad y la desatención son evidentes casi todo el tiempo.

Cada año, son diagnosticados miles de niños con TDAH en el mundo. La Organización Mundial de la Salud reporta que a nivel mundial existe una prevalencia de TDAH de 5%. En España se considera que lo padecen entre el 3 y el 5% de los niños; mientras que, en México, donde existen 31 millones de niños menores de 14 años, el problema afecta a un millón y medio de infantes.[54]

La causa del TDAH sigue siendo difícil de encontrar. La evidencia científica señala que el desorden es transmitido genéticamente como resultado de un desequilibrio o una deficiencia en ciertos neurotransmisores o sustancias químicas que ayudan al cerebro a regular la conducta.

La característica esencial del TDAH es un patrón persistente de desatención y/o hiperactividad-impulsividad, más frecuente y grave que el observado en la mayoría de los niños.

En general, los síntomas de hiperactividad-impulsividad, o de falta de atención, aparecen antes de los siete años de edad y deben estar presentes por lo menos en dos contextos: la casa y la escuela. Para poder diagnosticar TDAH es necesario que existan pruebas claras de que los comportamientos asociados están interfiriendo en la actividad social, académica o laboral del menor y de su familia.

Los principales síntomas relacionados con este padecimiento incluyen la falta de atención, la hiperactividad y la impulsividad:[55]

- Los niños que presentan este trastorno pueden no prestar atención suficiente a los detalles, cometen errores en las tareas escolares y es frecuente que sus trabajos y sus tareas estén sucios y descuidados, como realizados "al aventón". Cuando un niño padece TDAH experimenta dificultades para mantener la atención y le resulta difícil persistir en una actividad hasta finalizarla; su mente parece estar en otro lugar, como si no escuchara lo que se le dice.

- El niño con TDAH puede iniciar una tarea, pasar a otra, y luego continuar con una tercera, sin llegar a completar ninguna. Con frecuencia esto ocurre porque el niño no sigue instrucciones ni órdenes. Las tareas que exigen un esfuerzo mental constante las realiza con desagrado, por lo que tiende a evitarlas; de esta forma, realizar una actividad que requiera mucha organización o una concentración extraordinaria, es rechazada.

- Los niños afectados con TDAH se distraen con facilidad por estímulos irrelevantes e interrumpen las actividades que están realizando para atender ruidos o hechos sin importancia, que en general son ignorados por los demás (por ejemplo, el ruido de un automóvil o una conversación lejana).

- Por otra parte, la hiperactividad puede detectarse por la inquietud del niño, que se contorsiona en el asiento o permanece de pie cuando se espera que esté sentado. El exceso de energía provoca que hable desmesuradamente, corra o salte en espacios donde es inapropiado hacerlo.

- La impulsividad se caracteriza por la impaciencia, la dificultad para aplazar la satisfacción de alguna actividad, la dificultad para esperar turno, interrumpir e interferir frecuentemente, así como por no hacer caso de las normas y apropiarse de los objetos de los demás. Esta impulsividad puede dar lugar a accidentes (golpearse con objetos o chocar con otras personas) y lleva a los niños a realizar actividades potencialmente peligrosas, como subir al techo de la azotea y querer brincar desde ahí.

En general, los síntomas mencionados empeoran cuando el niño se enfrenta a situaciones que le exigen una atención o un esfuerzo mental durante un tiempo prolongado o que carecen de atractivo o novedad; muchas de estas situaciones están relacionadas con el ámbito escolar.

Aunque la mayoría de los pequeños presentan síntomas tanto de desatención como de hiperactividad-impulsividad, en algunos casos predomina uno u otro. Sin embargo, es importante que, aun cuando el niño muestre en forma consistente la conducta descrita antes, no se concluya automáticamente que padece TDAH. Es indispensable acudir con un especialista en desarrollo para que realice una evaluación apropiada, ya sea un psicólogo, un pediatra o un neurólogo pediatra.

El tratamiento no proporcionará una cura rápida, y el niño con TDAH no dejará de padecerlo, pero los síntomas asociados pueden ser controlados por medio de una terapia multimodal que incluya apoyo psicológico, educación y orientación familiar, manejo de conducta y, en muchos casos, tratamiento farmacológico.

Un buen tratamiento desde temprana edad puede evitar las limitaciones en el rendimiento escolar, la disminución de la autoestima y problemas en el desarrollo de las habilidades sociales.

19

¿QUÉ HICISTE MIENTRAS DORMÍAS?

Lee Hadwin despertó una mañana, a la edad de 15 años, y se dio cuenta de que había realizado tres retratos de Marilyn Monroe, a pesar de no tener ningún talento artístico. Este hombre, conocido como "el artista sonámbulo", recuerda que cuando tenía 4 años había comenzado a dibujar en las paredes de su habitación mientras estaba dormido, ocasionando el desconcierto de sus padres. El talentoso lado creativo de Hadwin cobra vida mientras duerme, y al despertar, asegura no acordarse de nada de lo que hizo la noche anterior. Los médicos que han estudiado su caso llegaron a la conclusión de que padece sonambulismo.[56]

El sonambulismo se produce durante la fase tres o cuatro del sueño, es decir, en la etapa denominada sueño lento o sueño de ondas lentas. Las personas que padecen sonambulismo pueden realizar acciones sin darse cuenta, como salir de la cama, caminar, hablar y comer. Después, tienden a regresar a la cama por su propia cuenta y, al despertar, no recuerdan lo que ha sucedido.[57] Además, se muestran desorientadas o confundidas por un breve período de tiempo después de ser despertadas. Asimismo, pueden te-

101

ner problemas para cumplir con sus actividades durante el día debido a las alteraciones del sueño.

Como trastorno del sueño, el sonambulismo implica una alteración del comportamiento normal y puede perjudicar el bienestar de quien lo padece. En general, este trastorno suele iniciarse en la niñez, entre los cuatro y los ocho años de edad, con una prevalencia de 16.7 por ciento en niños de 11 a 16 años. Aunque se considera menos común entre adultos (en general el sonambulismo tiende a desaparecer cuando la persona llega a la edad adulta), puede presentarse en años posteriores, siendo los hombres más propensos que las mujeres. Asimismo, se ha descubierto que si ambos padres padecen sonambulismo existe una probabilidad de 60 por ciento de que el hijo también sufra el trastorno.[58]

Aunque no existe una teoría única basada en evidencias sólidas que explique las causas del sonambulismo, se ha encontrado una disociación en la activación de ciertas áreas cerebrales: algunas están desinhibidas y otras totalmente inactivas.

La hipótesis más aceptada indica que se trata de un trastorno hereditario, es decir, que aproximadamente el 80 por ciento de los sonámbulos tienen familiares que han presentado el mismo trastorno.[59]

Los profesionales de la salud señalan que el sonambulismo en niños regularmente está asociado con la fatiga y la ansiedad, mientras que entre los adultos está más relacionado con el consumo de algún tipo de fármaco.

Algunas características comunes acerca de la conducta del sonámbulo son las siguientes:

- Puede levantar las sábanas, acomodarlas y volver a acostarse y dormir.
- Se levanta y camina por la habitación o fuera de ella.
- Abre los ojos durante el sueño.
- Muestra actividad motora torpe.
- Toca instrumentos musicales.
- Bebe y come.

Sin embargo, es importante mencionar que tanto los síntomas como las conductas del sonambulismo se diferencian entre personas que lo viven durante la adultez y la niñez. Por ejemplo, en los niños las conductas más frecuentes incluyen sentarse y levantarse de la cama, caminar por la habitación, dar paseos por la casa, hablar, vestirse, desvestirse, abrir y cerrar puertas. Entre los adultos pueden presentarse conductas como caminar por la casa esquivando objetos o realizar acciones mucho más complejas, como cocinar alimentos exóticos, salir a pasear con un niño en la carriola e, incluso, manejar.

Este trastorno del sueño puede ser riesgoso para quien lo padece o para sus familiares, porque los sonámbulos corren el riesgo, tanto de dañarse a sí mismos como a otros.

Por ejemplo, cuando suben o bajan escaleras o tratan de usar una herramienta potencialmente peligrosa, como una estufa o un cuchillo. Se han documentado casos de personas que han muerto o han sido heridas como resultado del sonambulismo. En el Reino Unido se reportó el caso de una mujer que no recordaba haber salido de su casa una noche, ponerse el casco y conducir su motocicleta por aproximadamente 20 minutos, para después regresar y dejar la motocicleta exactamente en el mismo lugar de siempre.[60] En 1846 un hombre llamado Albert Tirrell fue acusado de asesinato e incendio, aunque fue liberado posteriormente, pues al hacerlo estaba sonámbulo.[61] Kenneth Parks, un joven de 23 años, jugador compulsivo y con muchas deudas y problemas económicos causados por el juego, salió de su casa una noche de 1987 en estado de sonambulismo, subió a su coche y manejó durante 20 kilómetros hasta la casa de sus suegros. Allí mató a su suegra a golpes con una barra metálica y estranguló a su suegro, aunque este logró sobrevivir al ataque. Luego, volvió a subir a su coche y manejó hasta la comisaría más cercana donde, ensangrentado y, supuestamente, todavía dormido, se entregó a la policía diciendo: "Creo que he matado a alguien". Su largo historial de sonambulismo sirvió a Parks para ser declarado inocente.[62]

Cómo ayudar a un sonámbulo

Aunque no existe un tratamiento específico para este trastorno del sueño, sí hay medidas preventivas que deben seguirse para estar alertas y evitar que un episodio ponga en peligro la vida del afectado o de sus familiares:

- Tener un horario de sueño regular y seguirlo.
- Reducir al máximo los ruidos y las luces cuando se intenta conciliar el sueño.
- Abstenerse de beber líquidos al menos una hora antes de acostarse.
- Eliminar la ingesta de alcohol.
- Hacer uso de técnicas de relajación antes de acostarse, así como de técnicas alternativas —hipnosis o yoga—. La ayuda psicológica también es recomendable.
- Despejar las habitaciones y los pasillos de muebles u obstáculos con los que podría tropezar el sonámbulo por la noche.
- Cerrar puertas y ventanas y bloquear escaleras u otras áreas peligrosas.
- En caso de encontrar al sonámbulo deambulando por la casa, llevarlo con tranquilidad y delicadeza a la cama.

20

PERSONALIDADES TÓXICAS

Mi amiga Iris y yo éramos compañeras de trabajo. Por diversas razones el ambiente laboral se volvió nocivo, y mucha gente comenzó a quejarse, a chismear y a mostrar baja productividad. Iris era una excelente empleada, pero cometió el error de dejarse arrastrar por el comportamiento de los demás, y cada vez que nos reuníamos soltaba una retahíla de quejas, imposibles de soportar. Al ser mi amiga, se sentía con la confianza de hablar sin tapujos de lo que pasaba en la compañía, pero su actitud "quejosa" resultaba incómoda. Al terminar nuestras conversaciones generalmente me sentía fastidiada por su negatividad, a veces también muy cansada, como si Iris fuera un vampiro que me hubiera "chupado" la energía.

¿Alguna vez has conocido a alguien que absorba tu energía, como Iris lo hacía conmigo?

Sin lugar a dudas, la mayoría de nosotros hemos tenido a un amigo, a un familiar o a un compañero de trabajo cuya cercanía nos llena de sensaciones negativas, personas a las que generalmente llamamos "tóxicas". No es que ellas tengan algún tipo de toxicidad, sino que presentan conductas que por su efecto negativo impactan en los demás de forma perjudicial.

Si al encontrarnos con otra persona experimentamos sentimientos negativos (cansancio, incomodidad, incomprensión, desánimo, etcétera), estamos recibiendo una señal de alerta de que algo no está funcionando correctamente; sin embargo, podríamos pasarla por alto y pensar que es producto de nuestra forma de ser.

No obstante, si esa experiencia negativa se presenta de manera constante, ante la misma persona, y no como producto de una situación aislada (una discusión, por ejemplo), podríamos deducir que los sentimientos negativos han sido desencadenados por una persona "tóxica".

¿Cómo podemos alejarnos de las personas que nos hacen daño o nos consumen la energía? Primero, es necesario identificar las señales que nos alertan sobre una persona tóxica para poder tomar distancia, ya que una persona nociva puede limitar nuestro crecimiento, y terminar contagiándonos con sus actitudes negativas sin que nos demos cuenta.

A continuación encontrarás las más comunes personalidades "tóxicas" o nocivas que debes evitar.

Los quejumbrosos

Son personas que siempre están insatisfechas, nada las pone contentas y sistemáticamente hallan algún motivo para quejarse sin buscar soluciones: si llueve o si hace mucho calor, si ganó su equipo de futbol o si perdió, si la comida está muy caliente o si está fría…; en pocas palabras, hacen de las quejas un hábito, debido a lo cual siempre parecen estar enfadadas. Lo más lamentable es que normalmente se alegran cuando la gente piensa como ellos y se queja de las mismas cosas.

Los agresivos

Estas personas se caracterizan por ser arrogantes, creen que tienen la razón y se sienten superiores a los demás, por lo que suelen levantar la voz e intimidar con sus gestos. Comúnmente están llenas de rencor y son inseguras; al gritar y al humillar a los demás se protegen de las "amenazas" que reciben. Por ejemplo, el esposo que se molesta porque la comida no está servida cuando llega de trabajar, o el jefe que grita al empleado porque no le gustó cómo elaboró el reporte; sienten que los demás están actuando en su contra y responden con gritos y malas formas.

Los envidiosos

"El vecino tiene un mejor coche que yo", "Mi amiga se fue de vacaciones… otra vez", "A Luis le dieron un aumento de sueldo, y apenas tiene seis meses en la compañía", son solo algunas frases comunes que los envidiosos suelen decir, porque desean lo que poseen los demás. Si ellos no pueden obtener lo que desean, entonces descalifican a quien sí lo hace; incluso, se sienten felices si les va mal a los demás. Difícilmente manifiestan admiración o elogio, en lugar de ello hacen comentarios malintencionados con relación a lo que tienen los demás.

Los pesimistas

Estas personas constantemente ven todo "negro" y buscan dar lástima, sin darse cuenta de que su negatividad únicamente les atrae más negatividad y se convierte en un círculo vicioso. Hablan siempre de sus problemas, pero nunca de lo positivo que ocurre en sus vidas. Además, no suelen aceptar que los demás les llamen pesimistas porque se consideran a sí mismos realistas; creen que ven en las cosas negativas la verdad de lo que los demás se niegan a aceptar.

Los criticones

Son personas que con sus comentarios no buscan generar un cambio en nuestra conducta ni tienen algo bueno que proponer, simplemente quieren provocar daño, aunque ellos mismos crean que es "por el bien de los demás". En general lo negativo que ven en los demás lo tienen dentro de sí mismas, pero son incapaces de reconocerlo, y en lugar de disfrutar las cosas que los rodean, constantemente realizan juicios o valoraciones. Además de criticar a los demás, este tipo de personas fomentan rumores y chismes.

Como podrás darte cuenta, las personas "tóxicas" reflejan lo que llevan en su interior: negatividad, envidia, celos, resentimiento, frustración, baja autoestima y necesidad de reconocimiento. Lo que consiguen al relacionarse con los demás es que estos se alejen de ellos porque son desgastantes, "chupan" la energía y el tiempo.

Si después de lo anterior reconoces que estás ante una persona tóxica, lo mejor es alejarte. Para ello debes analizar tu círculo de amistades más cercano e identificar quiénes son "tóxicos" y quiénes son benéficos para ti, teniendo en cuenta el rol que ocupan en tu vida.

Evidentemente, no podemos eliminar muchas de las relaciones nocivas que tenemos, pero sí es posible analizar las razones que nos hacen seguir junto a ellas y redefinir la manera de interactuar. Al final, podremos seleccionar aquellas con las que deseemos quedarnos. Tal vez es más fácil decir adiós a una amistad tóxica que a un familiar o una pareja, por ejemplo, pero es necesario desprendernos de las emociones y los afectos que nos generan y dejar de preocuparnos por ellas; estar constantemente pensando en lo que dijeron o hicieron, nos ocasionará un disgusto y, por consiguiente, un desgaste emocional. Además, establecer límites en cuanto a comentarios, comportamiento y actitudes, nos ayudará a eliminar la influencia negativa que ejercen los "tóxicos".

Debemos buscar rodearnos de un entorno favorable, de gente que aporte a nuestra vida y nos ayude a crecer, tanto en lo personal como en lo profesional.

Finalmente, es necesario recordar que es muy difícil controlar lo que dicen o piensan otras personas de nosotros, pero no debemos aceptar las opiniones y las actitudes de los demás que nos hacen daño ni dejarnos influir por este tipo de personas negativas, sino buscar enriquecernos con experiencias e individuos que tiendan a ir en la dirección en la que queremos ir.

21

¿CÓMO RECONOCER LA CRISIS DE LA MEDIANA EDAD?

En un barrio cualquiera, de una ciudad cualquiera de Estados Unidos, viven Lester Burnham y su disfuncional y aburrida familia, conformada por su esposa y su rebelde y despectiva hija adolescente. Tras vivir una vida frustrada y sin sentido, Lester, de 42 años de edad, abandona su asfixiante empleo y decide trabajar como vendedor de hamburguesas; empieza a consumir drogas y a hacer ejercicio, compra un auto deportivo e intenta seducir a la amiga adolescente de su hija. Para Lester es el inicio de un viaje de autoexploración que provocará importantes cambios en su vida.

Lester es el protagonista de la película *Belleza americana*,[63] la cual retrata y critica la realidad por la que atraviesa la sociedad actual, vacía, consumista y rutinaria.

¿Por qué mientras que Lester sufre y se aferra a la juventud, otras personas, de su misma edad, se sienten plenas y creativas? La explicación se encuentra en la llamada crisis de la mediana edad.

La *crisis de la mediana edad*[64] es un término creado por el psicólogo canadiense Jaques Elliot en 1965 para referirse a un periodo de cuestionamiento personal y profundo autoconocimiento, que ocurre generalmente entre los 40 y los 50 años de edad, cuando se hace frente al deterioro físico y a los sueños frustrados.

La idea de que muchos experimentan una transición difícil a medio camino, entre el nacimiento y la muerte, no es reciente. En el siglo XIV, los primeros versos de la *Divina comedia*,[65] el poema épico de Dante Alighieri, evocaban ya la noción de una crisis de madurez:

**"A mitad del camino de la vida
en una selva oscura me encontraba,
porque mi ruta había extraviado".**

Muchos otros autores han escrito al respecto. Para el psicólogo Erik Erikson,[66] la mayoría de la gente en plena edad adulta se enfrenta a la búsqueda de dirección, significado o propósito en su vida y se esfuerza por descubrir si debe hacer un ajuste a mitad del camino. Normalmente, durante la tercera y cuarta década de la vida, las personas trabajan mientras que sus padres envejecen o han muerto y sus hijos dejan atrás la infancia. Estas condiciones llevan a los adultos a pensar que han comenzado a envejecer y a reconocer que habrá algunas metas que no lograrán alcanzar.

Carl Jung,[67] el reconocido psiquiatra suizo, investigó y profundizó en la llamada "crisis de la mediana edad", a la que dedicó un significativo lugar en sus obras. Para Jung, la mediana edad es "el atardecer de la vida" y es tan importante como "la mañana", es decir, la adolescencia y la juventud. Esta crisis se presenta principalmente cuando las personas reevalúan sus metas y sus prioridades y comienzan a sentirse vacías, después de haber alcanzado el éxito y la estabilidad.

Jung afirmaba que la mediana edad es un momento de transición para quienes pusieron todo su esfuerzo en lograr los objetivos que se propusieron, pero que, una vez que los alcanzaron, no saben hacia dónde dirigir la energía restante, de ahí que buscan realizar actividades y atender intereses diferentes.

Cabe destacar que el término "mediana edad" no tiene las mismas características que en la época en que Elliot o Erikson hablaron del tema. Su descripción de la etapa entre los 40 y los 50 años es muy diferente en la actualidad: muchas parejas con 40 o más años crían hijos pequeños, la edad de jubilación se ha extendido más allá de los 60 años y la gente tiene vidas más longevas. Es más común que sea después de los 50 años cuando las personas empiecen a reflexionar y a revalorar las prioridades en su vida, a cuestionarse si el trabajo que tienen es con el que siempre soñaron o si la vida que llevan les llena de satisfacción. El hecho de dejar atrás la juventud obliga a enfrentar el remordimiento por las metas no alcanzadas y ansiedades intensas para adaptarse a las pérdidas que impone la realidad.

La crisis confunde e inquieta a muchas personas, que piensan en la vejez como algo próximo y aterrador, hasta el punto de que desean volver a la juventud y adoptan actitudes, formas de vestir y comportamientos juveniles, los cuales solamente complican su transición a la edad madura. Algunas personas pueden abandonar su profesión para emprender una nueva, separarse de su pareja sin una razón aparente, vivir una relación con una persona 20 años más joven o vender todas sus posesiones, entre otras conductas.

Sin embargo, es importante comentar que el concepto es difícil de definir y por eso casi cualquier comportamiento "raro" (comprarse un carro deportivo, optar por el divorcio o cambiar de guardarropa) puede ser malinterpretado como una prueba de que se está viviendo una crisis de la mediana edad.

Es necesario hacer hincapié en dos aspectos. Primero, la crisis de la mediana edad no es algo por lo que atraviesan todas las personas. Esto quiere decir que si una persona inicia cambios radicales en su vida no necesariamente está experimentando una crisis. De hecho, diversas investigaciones rechazan la noción de la crisis de la mediana edad como una fase que experimenta la mayoría de los adultos, pues menos de 10 por ciento de las personas presentan crisis psicológicas por causa de la edad o del envejecimiento.[68] Si te encuentras enfrentando dificultades para transitar por este periodo de tu vida, es recomendable que busques apoyo profesional y te mantengas cerca de tus seres queridos. Si tienes pareja, mantén comunicación constante con ella y evita tomar decisiones importantes en momentos de estrés.

Segundo, la palabra *crisis* no es un signo de caos o malestar, sino de cambio, oportunidad y conocimiento; puede dar a una persona la ocasión para reorientar su vida en búsqueda de un crecimiento espiritual, y no material. De esta forma, en la primera mitad de nuestra vida nos habremos concentrado en el mundo objetivo y material, mientras que en la segunda mitad nos dedicaremos al mundo interior.

"Aún una vida feliz no es factible sin una medida de oscuridad, y la palabra felicidad perdería su sentido si no estuviera balanceada con la tristeza…"

Carl Jung

22

Y VIVIERON FELICES PARA SIEMPRE...

Blanca Nieves, Cenicienta, La Bella durmiente. ¿Qué tienen en común estos tres cuentos? ¡Acertaste!: Todos ellas son la clásica historia de amor donde los protagonistas terminan casándose, no sin antes haber superado innumerables peripecias, mientras la frase "Y vivieron felices para siempre..." sustituye a la palabra "Fin".

Muchas de las historias románticas de la literatura con las que hemos crecido ponen énfasis en el hecho de que los héroes y los protagonistas, después de haber vencido toda clase de obstáculos, viven eternamente felices. Pero, ¿qué pasa después, cuando llega un hijo y luego otro, y deben enfrentarse a los problemas de la vida cotidiana? Esta parte no está escrita en las historias.

En la vida real las cosas son muy diferentes: una relación de pareja genera desacuerdos en muchas áreas, desde las cosas más simples como dónde ir a comer, hasta en puntos de vista sobre la educación de los hijos o la relación con la familia de la pareja.

A pesar de la compatibilidad que pueda existir y de las muchas cosas en común entre los miembros de la pareja, es difícil mantener una relación con la misma intensidad con la que inició. Reconocer que los desacuerdos son inevitables y, hasta cierto punto normales, ayudará a su resolución en el marco de la negociación y el acuerdo, más que en el plano de la guerra.

A continuación encontrarás algunas sugerencias que te pueden ayudar a establecer negociaciones sanas con tu pareja:[69]

1) Tanto tú como tu compañero(a) tienen derecho a sentir de la manera como lo hacen. Es lógico que dos personas que tienen que convivir de alguna manera, ya sea como novios o como esposos, en algún momento tengan puntos de vista distintos y encuentren dificultades para llegar a soluciones satisfactorias para ambos. No se puede considerar que alguno de los dos esté equivocado simplemente porque sostiene un punto de vista diferente; por el contrario, es importante tener en cuenta que se puede estar en desacuerdo con la postura del otro, pero se le debe respetar.

2) Los puntos de desacuerdo deben ser lo suficientemente claros tanto para ti como para tu pareja. Muchas disputas podrían resolverse de manera fácil si ambos supieran exactamente sobre qué asunto están discutiendo. A veces, cuando las emociones y la adrenalina empiezan a fluir, la comunicación se vuelve confusa, y una discusión que comenzó con desacuerdos sobre la educación de los hijos termina involucrando a los padres de alguno de los dos. Por eso es necesario hacer un alto y determinar cuál es la verdadera razón de la discusión.

3) Los desacuerdos deben solucionarse lo más rápido posible, cuando están comenzando, antes de que el daño sea

mayor. Si estás dolido con tu pareja, expresa del mejor modo posible la molestia que sientes, no permitas que el disgusto dé paso al rencor.

4) Si en una discusión únicamente uno de los dos "gana", entonces ambos pierden. Los conflictos provocan que aflore nuestra parte competitiva y ganarle al otro se convierte en la meta de la disputa.

> **Al calor de la "batalla" es fácil enfocarnos
> en lo que es mejor para una de las partes,
> en lugar de pensar en lo que es mejor para ambos.**

Sin embargo, el sentimiento de triunfalismo al ganar una discusión no fortalece en lo más mínimo la relación. Tanto tú como tu pareja deben tener claro lo que quieren lograr; estar en desacuerdo no implica ignorar las necesidades del otro para imponer a toda costa un criterio opuesto. Hablar con tu pareja debe tener por objetivo escucharlo y entenderlo, no demostrarle que tú eres más fuerte.

5) Las humillaciones y los insultos no pueden permitirse. Lo que esperas de alguien con quien compartes una relación amorosa no es una agresión. Cualquier comentario que tenga la intención de degradar al otro perjudicará la relación y generará resentimientos. Además, los insultos y humillaciones pueden ser el camino hacia una relación marcada por la violencia intrafamiliar.

6) Es importante escuchar y no solo hablar. Escuchar a tu pareja es la clave del éxito. Puede resultar difícil hacerlo cuando estás en medio de una discusión, decidido a de-

fender tu postura; pero abrirte a los pensamientos y sentimientos de tu pareja, te ayudará a crear una relación más sana y asertiva.

7) El objetivo del conflicto debe ser lograr unidad y entendimiento. Cuando estás enfrentado con tu pareja existen dos posibles caminos: uno lleva a la desunión; el otro, a la unidad y al entendimiento. Cada uno elige si lucha de manera egoísta o de forma justa y con la mente abierta en lo que es mejor para ambos. Lo que elijas tendrá consecuencias, ya sea para bien o para mal. Considera que las peleas constantes que no tienen un final productivo y satisfactorio para ninguno de los dos, pues son peligrosas para la salud física y psicológica.

Antes de elegir estar con alguien, identifica cómo resuelve sus problemas cotidianos y sé consciente de cómo lo haces tú, para que después aprendan a resolverlos juntos de manera saludable.

La diferencia entre una pareja saludable y una pareja enferma es la capacidad de establecer una comunicación efectiva que permita resolver amigablemente los conflictos.

Si has elegido vivir en pareja para disfrutar de la relación y de la persona con la que compartes tu tiempo, ¿tiene sentido vivir peleando y amargándote la vida? La clave para el éxito de la pareja no está en la ausencia de conflictos, sino en saber manejarlos.

23

"NO QUIERO..."

Daniel tenía 8 años cuando fue canalizado a psicoterapia. Su madre decía que siempre había sido un niño muy difícil que, si no quería hacer algo, simplemente no lo hacía. Cuando jugaba con sus amigos, se enojaba y pataleaba si perdía. A veces se enojaba tanto que rompía sus propios juguetes en un arrebato de cólera. En la escuela era grosero y se negaba a hacer lo que le pedían los maestros. Molestaba a sus compañeros arrojándoles objetos o tomando sus lápices; evidentemente, a los otros estudiantes no les gustaba jugar con Daniel. El padre, un hombre violento e impaciente, había abandonado a la familia poco después del nacimiento de su hijo, dejando a la madre con toda la responsabilidad de la crianza. Ella se sentía frustrada porque no le funcionaba intentar razonar con su hijo o gritarle para que obedeciera; nada de lo que hacía tenía éxito.

¿Te has enfrentado a una situación similar, donde tu hijo se rebele contra ti y te lleve la contra en todo lo que dices?

Todos los niños en algunas ocasiones se muestran desobedientes o desafiantes con sus padres, con sus maestros o con otros adultos. Esto ocurre frecuentemente cuando se encuentran cansados, estresados o preocupados. La conducta es relativamente normal entre los dos y tres años de edad, o en la adolescencia, cuando los chicos lo adoptan como una expresión de independencia de sus padres.

Sin embargo, cuando la indisciplina y las provocaciones ocurren con más frecuencia de lo normal, o cuando esas conductas alteran el funcionamiento social, académico y ocupacional, podríamos estar hablando del trastorno negativista desafiante (TOD).[70] Esta alteración consiste en una serie recurrente de conductas no cooperativas, desafiantes, negativistas, irritables y hostiles del niño o el adolescente hacia padres, compañeros, profesores y otras figuras consideradas de autoridad.

Los orígenes de este trastorno se remontan a varios siglos, ya que se ha encontrado una estrecha relación entre este y una supuesta condición que padecían los esclavos afroamericanos, llamada "ansias de libertad"; es decir, la expresión de sentimientos en contra de la esclavitud. Este concepto, creado en 1851 por el médico Samuel A. Cartwrigh,[71] es racista, y su utilidad actual básicamente se debe a que el tópico de la lucha por oponerse a la autoridad aún está vigente.

Los niños o adolescentes negativistas suelen presentar accesos de cólera, discuten con los adultos, los desafían activamente o se niegan a cumplir las órdenes que se les imponen.

Pueden también llevar a cabo, de manera deliberada, actos que molestan a otras personas, o acusar a otros de sus errores o de sus comportamientos cuestionables, y pueden mostrarse irritables, resentidos y vengativos.

Normalmente ellos no se consideran negativistas ni desafiantes, sino que justifican su comportamiento como una respuesta a exigencias o circunstancias razonables. Así, por ejemplo, el chico que insultó al maestro dirá que lo hizo porque este es un déspota. Durante los años escolares pueden padecer baja autoestima (o, al contrario, exceso de autoestima), cambios rápidos en el estado de ánimo y baja tolerancia a la frustración. También utilizan palabras soeces y pueden consumir de manera precoz, tabaco, alcohol o sustancias ilegales.

Se calcula que del 2 al 16 por ciento de la población presenta este trastorno, pero es más común entre quienes también padecen trastorno por déficit de atención e hiperactividad.

Aunque no siempre se presenta de esta manera, se han observado ciertos factores recurrentes en los niños que padecen TOD durante los dos primeros años de vida: la malnutrición, el abuso físico y emocional, el escaso contacto maternal, las prácticas educativas duras, incoherentes o negligentes, y los cambios repetidos de tutores (por ejemplo, cuando la madre o el padre cambian constantemente de pareja, imponiéndole al niño un nuevo "padrastro" o una nueva "madrastra").

Además, también son significativos los antecedentes de problemas psicológicos o psiquiátricos de los padres, así como el consumo de sustancias por parte de estos. Esta alteración es más común entre las familias donde existen conflictos conyugales graves y recursos económicos limitados.

Existen varias alternativas de tratamiento para el trastorno negativista desafiante: *psicoterapia individual y familiar,* la cual tiene como objetivo lograr cambios significativos en la relación entre los miembros del grupo y mejorar su capacidad de comunicación. El *entrenamiento a padres* es otra modalidad de tratamiento que ayuda a desarrollar habilidades de crianza que sean más constantes, positivas y menos frustrantes para los padres y los hijos. También se puede recurrir a la *terapia de interacción padres-hijos,* cuyo el objetivo es mejorar la calidad de la relación padres-hijos y disminuir los problemas de comportamiento. En el *entrenamiento para la solución de problemas cognitivos* se busca que el hijo identifique y cambie los patrones de pensamiento que lo llevan a tener problemas de comportamiento. Se buscan soluciones de problemas en forma conjunta, donde los padres y los hijos trabajan para encontrar respuestas eficaces para ambos. Finalmente, el *entrenamiento para las habilidades sociales* ayuda al chico a ser más flexible y a aprender cómo interactuar de forma más positiva y eficaz con otras personas.

Asimismo, para el manejo de esta conducta se pueden implementar algunas acciones desde casa:

- Establecer consecuencias inmediatas. Las sanciones por una conducta inapropiada deben establecerse de manera inmediata; por ejemplo, después de que el niño hizo un berrinche o se niega a obedecer. Estas consecuencias deben ser concretas y consistentes, es decir, aplicarse siempre que ocurra una determinada conducta indeseada. De ese modo, cada vez que el niño se niega a recoger sus juguetes puede ser sancionado con la prohibición de salir a jugar o de usar sus juguetes hasta que no haga lo que se le ordenó.

De igual forma, es importante reconocer y elogiar los buenos comportamientos y las características positivas del niño para promover los comportamientos deseados.

- Ignorar los comportamientos negativos y prestar atención a los positivos. Si los padres detectan que su hijo se porta bien y lo recompensan verbalmente, es muy probable que esa conducta se vuelva a presentar. De la misma forma, al ignorar un comportamiento que no se desea (por ejemplo, un berrinche) este comportamiento negativo será cada vez menos frecuente.

Aunque estas estrategias parecen mero sentido común, aprender a usarlas de manera constante frente a la oposición no es fácil. La constancia, la paciencia y la consistencia empleadas por la madre de Daniel fueron claves para que su hijo aprendiera las habilidades necesarias para mejorar su capacidad de comunicación y lograr una mejor interacción con los demás.

24

¿QUÉ TANTO SABES SOBRE LA HUMILDAD?

¿Qué es lo primero que pasa por tu cabeza cuando escuchas la palabra "humilde"? Quizá hayas pensado en una persona pobre o con escasa educación; si es así, debo decirte que tu definición está muy alejada de la realidad.

Con mucha frecuencia escuchamos a la gente hablar de humildad como un sinónimo de pobreza. De acuerdo con la concepción que dice "los pobres son buenos y los ricos son malos", tendríamos que, mientras mayor es la pobreza, mayor será la humildad, y mientras mayor es la riqueza, mayor será la soberbia. Según esta idea, no hay nada por lo que un pobre pueda sentirse superior a otros y nada por lo que un rico pueda necesitar de los demás. ¡Nada más erróneo!

Muchas veces nos encontramos con personas en situación de pobreza que no son humildes, sino que, por el contrario, se muestran soberbias y prepotentes. Del mismo modo, existen personas ricas que son generosas, amables y dispuestas a ayudar; en pocas palabras, se muestran humildes. Como puedes ver, una persona no es humilde por el hecho de ser pobre, y tampoco alguien que no es pobre es incapaz de ser humilde, ya que ni la pobreza ni la riqueza son condicionantes de la humildad. Así pues, uno de los grandes mitos sobre la humildad queda derribado.

Entonces, ¿qué es la *humildad*? La palabra *humildad*[72] proviene del latín *humilitas*, que significa "pegado a la tierra". Es una virtud moral, contraria a la soberbia, que nos permite reconocer nuestras debilidades, nuestras cualidades y nuestras capacidades, para aprovecharlas de la mejor manera posible en beneficio propio y de los demás. La Real Academia de la Lengua Española (RAE)[73] define la *humildad* como una "Virtud que consiste en el conocimiento de las propias limitaciones y debilidades y en obrar de acuerdo con este conocimiento".

Aunque se puede confundir *humildad* con *debilidad*, no son lo mismo, ya que la humildad es una fortaleza que se debe complementar con el temperamento y con el carácter, los cuales tampoco son sinónimos de orgullo, prepotencia o soberbia.

La humildad es una de las características personales más valoradas; sin embargo, en la vida real las personas humildes no predominan en nuestra sociedad.

Para que puedas conocer los rasgos que identifican a las personas humildes analicemos las siguientes características:

- Las personas humildes no tienen necesidad de presumir sus logros porque se sienten seguras consigo mismas. Ser el centro de atención o buscar la aceptación de los demás no es una prioridad para ellos.
- La autoestima de una persona humilde es fuerte, no necesita compararse ni competir con los demás para superarlos. Más que en el resultado final, los humildes experimentan placer al recorrer el camino que conduce al desarrollo de una actividad determinada. Así pues, sea

un artista reconocido, un deportista de élite o un personaje público, si es humilde, simplemente reconocerá que su éxito es producto del esfuerzo y de una habilidad que se le da bien.

- Se preocupan por las necesidades de los demás y por influir en su vida de manera positiva; de esta forma, disfrutan priorizando el bienestar de los otros antes que el bienestar personal. Los voluntarios que prestan sus servicios en instituciones benéficas, las personas que trabajan con discapacitados o con los más desfavorecidos muestran mayor empatía para ayudar a otros.

- Las personas que practican la virtud de la humildad no son egoístas ni están celosas por los éxitos de los demás, ya que se hallan enfocadas en ser mejores versiones de sí mismas. Preocuparse por lo que hagan los demás no tiene sentido, pues no viven comparándose con ellos.

- La humildad permite reconocer los propios errores, aceptando y respetando los puntos de vista y las opiniones de los demás.

- La persona humilde establece relaciones sanas y positivas de igualdad con los otros; no se considera ni más ni menos que nadie, independientemente de su profesión o de su estatus socioeconómico.

Puesto que la humildad es una virtud esencial para vivir de manera armónica y sin conflictos, es deseable cultivarla. Si te interesa establecer una mejor relación con los demás y sentirse bien contigo mismo, las siguientes recomendaciones pueden ayudarte a desarrollar la humildad:

1. Reconoce cuando te equivocas e intenta reparar tu error de forma sincera. Un "lo siento" expresado con

sinceridad es una buena forma de comenzar a hacerte responsable de las consecuencias de tus actos.

2. Acepta que no siempre tienes la razón. En cualquier relación humana existen diferentes puntos de vista y aprender a ceder ante la opinión de los demás es parte de tu crecimiento personal.

3. Toma como ejemplo a las personas humildes. Siempre podemos aprender de los demás, pero especialmente de ese tipo de personas. Piensa en los que te rodean, en lo que te hacen sentir esas personas, e intenta imitar las cualidades que admiras en ellas.

4. Confía en los demás. En lugar de ir por la vida predicando el dicho "piensa mal y acertarás", ignora las primeras impresiones sobre las personas y piensa que las acciones de los otros tienen una buena intención; evita juzgar negativamente y da un voto de confianza.

5. Escucha a la gente. Muéstrate dispuesto a escuchar a alguien en una conversación, aun cuando no tengas la oportunidad de hablar de tus propias ideas.

6. Practica la generosidad. Compartir con los demás una parte de tu tiempo o de tus bienes es una de las mejores formas de resaltar el valor de las personas por sobre las cosas materiales.

7. Agradece. Muéstrate agradecido por las cosas buenas que te pasan en la vida, ya sean obtenidas por tu propio esfuerzo o gracias a los demás.

8. No te pases de humilde. Una cosa es procurar a los demás, y otra, abandonar tus necesidades para satisfacer las de otros. Busca un equilibrio, ordena tus prioridades y mantén metas para ti mismo.

25

CÓMO HACER AMIGOS
EN TIEMPOS DE PANDEMIA

Un estudio reveló que en 1984 los adultos tenían un promedio de tres amigos, con los que podían hablar de cosas importantes. En 2005 ese promedio había bajado a casi dos amigos, mientras que en la época actual se considera que una de cada cuatro personas no tiene a nadie en quien confiar por completo. Incluso las personas con un promedio de 155 amigos en Facebook tienen solo cuatro con los cuales pueden contar en momentos difíciles.[74]

Irónicamente, en una época en la que internet y las redes sociales nos permiten estar en contacto con gente de todo el mundo, cada vez es más frecuente encontrar personas con dificultades para socializar y hacer amistades.

Los seres humanos necesitamos el contacto con otras personas; las relaciones interpersonales son una parte importante y necesaria en nuestra vida. Sin embargo, a lo largo del tiempo vamos perdiendo amigos conforme caminamos en direcciones diferentes o suceden hechos que nos distancian de los demás; por ejemplo, al terminar la carrera, al convertirnos en madres o padres, al cambiar de trabajo, al emigrar o al divorciarnos. A veces es difícil crear lazos nuevos.

Tener amistades no solo es importante desde el punto de vista social y anímico, sino también desde la perspectiva de la salud y la calidad de vida, pues el aislamiento social y la soledad están relacionados con una menor esperanza de vida.

La soledad acorta la esperanza de vida, en promedio 30 por ciento. Por el contrario, las relaciones sociales tienen un efecto positivo sobre el bienestar de las personas.[75]

Además, la soledad y el aislamiento social pueden representar un riesgo para la salud pública, mayor que la obesidad y equiparable a fumar 15 cigarrillos al día.[76]

Lo anterior adquiere mayor relevancia si contemplamos que la pandemia del coronavirus ha generado una epidemia de soledad y aislamiento social, debido a las medidas de distanciamiento social para prevenir el contagio. Aunque se ha supuesto que el impacto ha sido mayor entre la gente de la tercera edad, los sentimientos de frustración, estrés, ansiedad, aislamiento, cansancio y tristeza han sido reportados en buen número también por personas jóvenes, que han encontrado dificultades para relacionarse con sus amigos.[77]

Los niveles de soledad existentes antes de la pandemia ya eran importantes, habiéndose incrementado en buena medida en las últimas décadas. ¿Las razones? Las tasas de divorcios, el cambio en el carácter de la población, la disminución de las interacciones sociales, así como la carga laboral y el estilo de trabajo. Lo interesante es que diversos estudios encontraron que la tecnología y las redes sociales eran responsables de un aumento en los niveles de aislamiento:

gracias a las redes sociales se han incrementado los contactos sociales, pero también se han reducido las interacciones cara a cara.[78]

Paradójicamente, ante la imposibilidad de continuar con las interacciones en persona como consecuencia de la pandemia, las redes sociales se han convertido en una de las herramientas más útiles para mantener los contactos sociales. Hemos aprendido que la interacción social no es algo que busquemos solo por diversión, sino porque lo necesitamos para funcionar.

La conexión con otras personas le da significado a nuestra vida, por sus beneficiosos fisiológicos y biológicos. Por el contrario, la exclusión social o la pérdida de amigos nos produce sensaciones dolorosas.

La vida no puede centrarse en estar 8 horas diarias detrás de una pantalla, ya sea por trabajo o para socializar, porque nos convertiremos en perezosos para las relaciones sociales. Necesitamos generar vínculos a través del contacto físico con los demás.

Tras haber pasado pasar meses limitando tus interacciones con los demás, tal vez experimentes ansiedad al reincorporarte a la vida social de manera natural, especialmente si crees que te sentirás incómodo estando cerca de otras personas. Por lo anterior, aquí tienes algunas recomendaciones que pueden serte útiles para lidiar con la ansiedad generada al retomar el contacto social.

Toma la iniciativa

Hazle saber a tus amigos o conocidos que estás buscando socializar. Invitar a otros a salir después del largo periodo de aislamiento puede resultar difícil, pues quizá a ambas partes les falte práctica, pero piensa que también ellos pueden estar deseosos de volver a reunirse. No hay problema si quieres ser precavido al reiniciar tu vida social. Si reunirte al aire libre, con la mascarilla puesta y con una sola persona a la vez, te ayuda a manejar la ansiedad relacionada con contactar nuevamente con otros, entonces ponlo en práctica.

Conéctate con la gente más cercana

Busca mantener el contacto con tus familiares o amigos más cercanos, con las relaciones que son más importantes y positivas para ti. Reunirte con un grupo de conocidos no es malo, pero hacerlo con una amistad cercana puede ser mucho más benéfico en tus intentos de superar la soledad.

Ve poco a poco

Si te sientes entusiasmado ante la posibilidad de volver a ver a tus amigos en fiestas, bares y reuniones, te recomiendo que no vayas con demasiada prisa. ¿Qué tal si, en lugar de ir a una fiesta, empiezas por ir a tomar un café? Ten en cuenta que han sido muchos meses de limitaciones sociales, e intentar volver a las rutinas normales de antes de la pandemia no necesariamente será fácil para ti o para los demás. Tal vez sería bueno que preguntaras a tus amigos si prefieren actividades con mucha gente o con una sola persona para reiniciar paulatinamente las interacciones sociales.

Busca espacios de encuentro

Si no te es fácil relacionarte con los demás o tu círculo de amistades es muy reducido, las siguientes son opciones para ti.

- ¿Qué te parece apoyar a tus vecinos mayores con las compras del supermercado? Si te es posible intenta conversar con la gente con la que te cruces en la calle —aunque sea por encima de una cerca— o participa en un evento de limpieza en tu calle. Prueba también con pasatiempos como cocinar o hacer jardinería. Participa en grupos de intercambio de idiomas, clubes de lectura o foros de discusión; además de encontrar gente con la que tienes algo en común, podrás aprender cosas nuevas y desarrollarte en otros ámbitos.

- Realiza actividades de voluntariado. Una de las mejores formas de establecer contacto con otras personas es a través de la realización de actividades de voluntariado. Busca una causa que te apasione y lleva a cabo una buena obra, al tiempo que conoces personas que tengan tus mismos intereses.

- Realiza actividades al aire libre. Practica actividades al aire libre como yoga, senderismo, jogging o ciclismo. Las clases y actividades al aire libre son una de las mejores oportunidades para retomar el contacto social de una manera segura.

- Participa en actividades religiosas o espirituales. Si practicas una religión, reunirte con gente de tus mismas creencias puede ayudarte a reforzar tu red de apoyo. Los lugares de culto ofrecen una buena oportunidad para socializar.

- Sal de tu zona de confort. Para mucha gente trabajar desde casa ha sido un gran descubrimiento durante la pandemia, pero también una de las mejores maneras de fomentar la soledad. Para enfrentar la ansiedad al exponerte a situaciones sociales, regresar a tu oficina puede ser una gran oportunidad. Empieza asistiendo un día a la semana y luego incrementa gradualmente tus salidas de casa hasta que te sientas cómodo interactuando con tus compañeros de trabajo.

Prepárate para los momentos incómodos

Los momentos incómodos serán inevitables. Imagina que te acercas a tu amigo para abrazarlo y se aleja, o que no hace contacto visual contigo o parece no tener nada que decir. Es probable que tus primeras interacciones resulten incómodas porque las habilidades sociales de la mayoría de la gente requerirán cierta práctica para volver a ser las de antes. Ya sea que la incomodidad provenga de tu amigo o de ti, no tengas miedo de volver a intentar relacionarte ni vuelvas al aislamiento. Como cualquier habilidad, también el arte de relacionarte con los demás necesitará de práctica y paciencia.

26

ME VOY A DIVORCIAR...
¿CÓMO SE LO DIGO A MIS HIJOS?

Ted y Joanna Kramer han estado casados por ocho años. Cansada de que su esposo priorice su trabajo, un día Joanna decide dejar su casa, abandonando a Billy, su pequeño hijo de cinco años. Ted se encuentra en una encrucijada, pues atraviesa por el mejor momento de su carrera y debe hacerse cargo de su hijo. Aun así, decide darle prioridad a Billy y empieza a involucrarse en actividades antes impensadas: cocina para él, lo recoge de la escuela, lo lleva a las fiestas infantiles y le enseña a andar en bicicleta. Quince meses después, cuando Ted se ha adaptado a su nueva vida y se siente realizado como padre, Joanna regresa decidida a llevarse a Billy a vivir con ella. Ambos contratan un abogado y pelean por la custodia de su hijo, mientras el pequeño los ve enfrentarse en los tribunales.

Kramer contra Kramer,[79] ganadora de 5 premios Óscar en 1980 —incluyendo mejor película y actuación, para Dustin Hoffman y Meryl Streep—, es, sin duda, la película más popular sobre la temática del divorcio, hasta el estreno de *Historia de un matrimonio*, en 2019.

La película muestra que cuando hay problemas conyugales los que sufren más son los pequeños de la casa. Nos enseña que los padres deben aprender a construir un nuevo tipo de relación por el bien del hijo en común, donde prevalezcan la compasión y la sensibilidad en la expresión de los sentimientos.

Cuando una pareja con hijos toma la decisión de divorciarse, una de las principales problemáticas que enfrenta tiene que ver con la forma en que comunicará la noticia a sus hijos. A continuación se presentan algunas consideraciones que pueden serte útiles si estás pasando por un proceso de divorcio.

Tras la separación de un matrimonio —sobre todo cuando la ruptura va precedida de falta de respeto y hostilidad— es muy común que los hijos sientan confusión e inseguridad, respondiendo comúnmente con conductas desobedientes o depresivas.

Aunque parezca evidente que tras la ruptura no habrá acuerdo, la mayoría de los niños guarda secretamente la esperanza de una posible reconciliación. Otros niños pueden preguntarse si, de alguna forma, su conducta o sus bajas calificaciones fueron causantes de la separación de sus padres.

Como los hijos frecuentemente representan el centro de atención de las discusiones entre los padres, estos tienden a sentirse responsables de la causa de las peleas, pero a la vez son incapaces de poner fin al conflicto. Los niños más pequeños suelen creer que el origen de la separación fue por algo que hicieron, mientras los mayores llegan a pensar que si ellos estuvieran muertos, sus padres ya no tendrían motivos para discutir.

Lo anterior se explica porque la capacidad de los niños para interpretar los acontecimientos de la vida real es ilimitada; a veces tienen miedo de buscar explicaciones y, en su aturdimiento, se ven obligados a imaginar quién es el bueno y quién es el malo, quién tiene la razón y quién no.

Frases como "¿Por qué mi papá ya no vive en la casa?" o "La novia de mi papá es una bruja" suelen mencionarse con frecuencia entre hijos de padres separados.

Así como los adultos necesitan reflexionar sobre las causas de su fracaso matrimonial, los niños requieren una explicación clara de los motivos por los cuales sus padres son incapaces de vivir bajo el mismo techo.

Los expertos recomiendan explicar a los hijos, en un lenguaje claro y sencillo, que los papás han tomado la decisión de separarse, haciendo énfasis en que uno de los dos probablemente se mudará. De esta manera se evita que los hijos se enteren de la separación cuando uno de los padres abandona de manera súbita la casa.[80]

Es importante evitar que los niños tengan falsas esperanzas, ya que muchos esperan que sus padres vuelvan a vivir bajo el mismo techo a pesar de que se ha producido la separación. Es indispensable recalcar que, aunque el papá y la mamá ya no vivan juntos, no dejarán de querer a sus hijos y seguirán estando en contacto para tratar asuntos relacionados con ellos, por lo que podrán tener relación con ambos. De esta forma, los niños se sentirán menos ansiosos y entenderán que sus padres seguirán estando disponibles para ellos a pesar de la distancia física.

Los padres también deben aclarar a los niños que el divorcio es una decisión que han tomado como pareja y que ellos no tienen nada que ver con esa determinación; es decir, los hijos necesitan entender que no tienen la culpa del divorcio de sus padres, que no se separan por algo que ellos hayan dicho o hecho, sino debido a diferencias entre los adultos.

Cuando los padres se divorcian, la vida de los niños cambia no solo porque uno de ellos se va de la casa, sino también porque de ahora en adelante ellos tendrán que dividir su tiempo entre dos casas, dos camas y diferentes juguetes; pasarán algunos días en casa y luego empacarán sus cosas para pasar algún tiempo con el otro padre.

En esta etapa, las diferencias en la educación entre ambos padres pueden dar lugar a que los niños intenten sacar ventaja de la situación más conveniente, sobre todo en lo concerniente a los horarios para ir a la cama, los permisos, los premios y castigos, etcétera.

En consecuencia, es conveniente establecer claramente cuáles serán las reglas de crianza y disciplina comunes en ambos hogares.[81]

Por otro lado, los padres deben mantener al margen sus discusiones y no involucrar a los niños en sus conflictos ni utilizarlos como mensajeros para comunicarse con el ex cónyuge, ya que pueden sentir en algún momento que deben tomar partido por alguno de sus papás.

Asimismo, alguno de los padres puede tener el deseo de saber acerca de lo que ha hecho o ha dicho su ex pareja, por lo que convierte a los niños en cómplices y espías (por ejemplo, uno de los temas recurrentes es cuando las madres preguntan a sus hijos si su padre sale con alguien). Esta situación resulta muy incómoda para los hijos porque sienten que si proporcionan información traicionan a uno de los padres, y si no lo hacen puede que el otro sienta que le está siendo desleal. Lo importante es aclarar que hay ciertos aspectos que el niño puede comunicar tras las visitas, pero habrá otros que no deberán ser comentados porque no son convenientes para el cuidado del hijo.

En resumen, la separación de la familia produce sentimientos de abandono, duelo y pérdida en los hijos, independientemente de su edad. Si resulta muy incómodo preparar a los niños para el divorcio, o si alguno de ellos desarrolla cambios en el humor o en el comportamiento (inseguridad, angustia, enuresis, llantos desmedidos, conductas agresivas, chupeteo del pulgar, rabietas, terrores nocturnos, etcétera) es recomendable consultar con un profesional especializado o asistir a una terapia familiar para superar el rencor y la rabia, procurando ante todo el bienestar y la seguridad de hijos y padres.

EL ROSTRO DEL CINISMO

Cuando vas a iniciar una tarea o una acción automáticamente, ¿te preparas para lo peor y piensas que terminará mal? Si alguien te habla de un nuevo proyecto o aventura, ¿de inmediato intentas desalentarlo? ¿Desconfías de las intenciones amables de los demás? Cuando algo sale mal, ¿culpas a los otros o a la situación o a la suerte de lo que te pasa, pero nunca admites que es tu responsabilidad? Cuando respondes a una pregunta, ¿lo haces con sarcasmo?

Si contestaste "sí" a la mayoría de estas preguntas, entonces en tu vida están predominando la burla y el negativismo; eso te convierte en un cínico.

El *cinismo* fue una corriente filosófica que surgió en el siglo IV a.C. y defendía la relación con la naturaleza. Los términos *cínico* y *cinismo*[82] provienen del griego *kyon* que se traduce como *perro*, ya que estos individuos aspiraban a identificarse con la figura del perro, por la sencillez y la desfachatez de la vida canina. Por el contrario, rechazaban convencionalismos como el dinero, la política y las normas sociales.

Sin embargo, el actual término cínico no hace referencia a esta corriente filosófica ni alude a un halago. Todo lo contrario. La Real Academia de la Lengua Española define al *cínico*[83] como alguien que actúa con falsedad o con desvergüenza descarada.

La actitud cínica está vinculada con el sarcasmo, la ironía, la burla, el desprecio y el negativismo. Podemos decir que una persona cínica es alguien que desconfía de las intenciones de los demás, que cuestiona sus motivos y que piensa que hay un interés egoísta detrás de cada paso que dan.

A continuación encontrarás las características más comúnmente asociadas al cinismo.

Desconfianza

Los cínicos tienden a ser desconfiados, ya que poseen una visión negativa del mundo y de los demás. Las personas son útiles siempre y cuando se puedan obtener beneficios de ellas; solo entonces muestran una inclinación para ganarse su simpatía. Además, dudan de las intenciones de los otros porque creen que se van a aprovechar de ellos, les van a hacer daño o los van a engañar. Así que no es raro que siempre estén a la defensiva. Un cínico piensa que todos los ricos lo son por haber robado, o que un amigo que se desahoga con él debido a la enfermedad de su padre lo que quiere es provocar lástima para que le preste dinero.

Mentira

Al ser la moral algo de poca importancia o prácticamente inexistente para ellos, los cínicos mienten con singular facilidad. Mentir no les genera ningún tipo de remordimiento, ya que lo consideran un paso necesario para la consecución de sus objetivos.

Las personas que desconfían de otros generalmente son más deshonestas que la mayoría y recurren a falsedades y mentiras con destreza magistral.

En su afán de tener la razón, los cínicos mienten al conversar y menosprecian los puntos de vista ajenos. Si un cínico es descubierto en una mentira, simplemente argumentará que tiene otros datos que respaldan lo que dice (aunque no pueda probarlo de forma alguna) y descalificará las pruebas presentadas en su contra.

Trampa

Los cínicos recurren a engaños y a trampas para defender un punto de vista. En lugar de enfocarse en los hechos, critican a la persona y argumentan supuestas verdades sin demostrar objetivamente su veracidad. Aunque se les demuestre que lo que han dicho es una falsedad, los cínicos no se inmutan y se mantienen firmes en sus argumentos engañosos. Los políticos que se enfrascan en una lucha de descalificaciones de marcada bajeza contra sus adversarios, a quienes hacen pedazos con groserías, motes y mentiras, son un claro ejemplo de esta característica.

Egocentrismo

Las personas cínicas centran su vida en sí mismos, se valoran en exceso, creen tener más capacidades y conocimientos que los demás y, como consecuencia, los infravaloran, y hacen uso del desprecio para vulnerar, criticar o menospreciar el comportamiento o las pretensiones de otras personas. Los cínicos siempre buscan su beneficio, y para conseguirlo muestran pocos reparos ante el daño que puedan ocasionar a otros, ya sea voluntaria o involuntariamente.

Desvergüenza

Los cínicos pueden mostrar sin esfuerzo su aparente preocupación por los demás, aunque en realidad únicamente ven por sí mismos. No tienen escrúpulos y ponen de manifiesto sus verdaderos sentimientos sin ningún tipo de vergüenza u honestidad. ¡Cuántos supuestos luchadores sociales hacen una cínica exhibición de lujos y de poder para sí mismos o para su familia, burlándose de la pobreza de aquellos que confiaron ciegamente en ellos!

Como podrás darte cuenta, no es fácil tratar con personas cínicas. Para hacerlo es necesario intentar convencerlas de la sinceridad de lo que se les dice y de la buena fe de los actos de los demás. Esto puede resultar realmente agotador, pero no es una tarea imposible. Algunas estrategias que puedes utilizar para lidiar con alguien cínico, o para trabajar en tu propio bienestar, si has encontrado que tú mismo eres cínico, son las siguientes:

- *Evita discusiones*. Una persona cínica suele estar más a la defensiva durante las discusiones o los debates, pues todo lo que no coincida con su visión será considerado un ataque directo hacia su persona. Por lo tanto, ignora las críticas y las eventuales provocaciones, sé prudente y mantén la calma en todo momento.

- *Promueve el optimismo*. Como los cínicos suelen ser personas pesimistas, es importante que mantengas una mentalidad positiva para evitar que su constante estado anímico pesimista te arrastre hacia la negatividad.

- *Entiende la causa*. El cinismo no suele ser algo que aparezca de la nada, pues normalmente va ligado a experiencias negativas o a traumas pasados que generan profunda desconfianza y desencanto hacia la sociedad.

La mayoría de las personas cínicas son idealistas desilusionadas y frustradas, que tenían expectativas poco realistas sobre sí mismas y sobre la vida, y que, al intentar alcanzar su ideal, fracasaron.

Generalmente sus evaluaciones negativas hacia las cosas y hacia los demás representan su frustración emocional. Su actitud es una defensa contra el sufrimiento. En algún momento de su pasado enfrentaron una situación emocional que no pudieron manejar y, en lugar de adaptarse o comprometerse para cambiar su entorno más cercano, desplegaron el cinismo como escudo. Como consecuencia, desarrollan resentimiento y frustración y terminan amargadas, creando un aparato social y emocional para protegerse del dolor.

Como los traumas del pasado pueden tratarse, es posible trabajar el cinismo en psicoterapia. Además de los beneficios que un profesional aportará en la comprensión de la conducta, buscar ayuda para esta condición sería altamente benéfica, pues diversos estudios han demostrado que las personas cínicas poseen mayor riesgo de desarrollar demencia, padecer enfermedades cardiovasculares y envejecer adversamente.[84]

28

SELFIES: ¿QUÉ REVELAN DE TI?

Si hicieras un recuento de tus *selfies* en redes sociales, ¿cuántas encontrarías?

Cada día es más común ver a la gente sacar el teléfono celular para tomarse *selfies*, sin importar si están con amigos, comiendo, de viaje o estrenando un nuevo look. La ocasión parece lo de menos.

Ya no son tiempos para pedirle a alguien que nos tome una foto porque podemos hacerlo nosotros mismos; todo es cuestión de buscar nuestra mejor pose, tomar varias decenas de fotos, elegir una, retocarla, escoger cuidadosamente la mejor hora para publicarla y esperar a que los "me gusta" comiencen a llegar.

En todos existe el deseo de guardar para siempre determinados momentos de nuestra vida. Sin embargo, con la tecnología acompañándonos a todas partes, muchas veces nos olvidamos de vivir la experiencia para enfocarnos en ver el mundo a través del lente de una cámara, sin importar si esta experiencia invade o no nuestra vida personal.

Si este no es tu caso, posiblemente sea el de alguno de tus amigos en Facebook o Instagram, quien sube *selfies* noche y día, bajo cualquier circunstancia, incluso llegando a ser fastidioso. ¿Te has preguntado cuál es el significado de tomarse *selfies* en exceso?

La obsesión por autorretratarse y compartir la imagen en las redes sociales puede no solo llegar a ser molesta, sino también reveladora de un problema de personalidad, tal como han indicado diferentes estudios,[85] mismos que han encontrado que las personas que publican más *selfies* en sus redes sociales para auto promocionarse y ser reconocidos por los demás, tienen rasgos narcisistas.

Los rasgos narcisistas[86] se refieren al hecho de que estas personas sobrevaloran su importancia, consideran que son el centro del mundo y exageran la imagen que tienen de sí mismas. Su autoestima está en función de la valoración y el reconocimiento de los otros sobre su desempeño, y su estado emocional depende en gran medida del nivel de aceptación que tengan sus fotos. Así, cada vez que un amante de las *selfies* publica una foto y recibe un "me gusta", siente que llena un vacío interno y eso fomenta que repita la acción. Las personas que abusan de las *selfies* se juzgan a sí mismas más por su apariencia física que por su personalidad, talento o habilidades. Subir sus propias fotos a las redes sociales, donde puedan ser admirados, refuerza su tendencia a buscar atención y rodearse de personas que los adulen. (Puedes aprender más sobre el narcisismo en el artículo "Primero yo, después yo y al último yo", publicado en el volumen 1 de esta serie).

Esto de ninguna manera significa que todas las personas que se toman *selfies* sean narcisistas, pero es un hecho que aquellos que suben más fotos de sí mismos a las redes, muestran tendencias narcisistas más fuertes que el resto, en especial si antes de publicarlas aplican filtros, recortes o realizan algún tipo de edición.

Estudios recientes han encontrado que la obsesión por las *selfies* podría tratarse de un trastorno, dándole por nombre, "selfitis".[87] El rasgo principal de la *selfitis* incluye el deseo obsesivo-compulsivo de tomarse fotos y publicarlas en las redes sociales para compensar un vacío en la intimidad.

¿Cómo es que, lo que comenzó como una moda entre los famosos, llevó a todo el mundo a tomarse *selfies*? Cuando la gente como tú y como yo descubrimos que también podíamos hacer lo mismo que las celebridades, comenzamos a imitarlos y a sentirnos populares dentro de nuestro círculo social.

Las *selfies* no son malas en sí mismas. El inconveniente principal es el abuso que se hace de ellas, producto de una sociedad que enfatiza la superficialidad y el aspecto físico por encima de otras cualidades. Puedes autorretratarte varias veces al día, pero no pasa nada si no compartes las fotos en redes sociales. El problema radica en sentir un impulso incontrolable por tomarte *selfies* durante todo el día, para luego compartirlas en las redes sociales, en cada oportunidad que tengas.

Abusar de las *selfies* puede deteriorar nuestras relaciones interpersonales por varias razones: primeramente, es probable que no todas las personas que aparezcan en la foto estén satisfechas con los resultados obtenidos, que se sientan acomplejadas o relegadas a un segundo plano mientras el "protagonista" de la foto pone énfasis en sí mismo. Por otro lado, para muchas personas, el subir *selfies* genera una sensación de competencia entre amigos, que no es beneficiosa para conservar sanas relaciones interpersonales.[88]

Hay que destacar que las *selfies* que mostramos en las redes sociales no son precisamente nuestro retrato más fiel, sino la cara que queremos mostrar a los demás, y que a veces es muy distinta a la real.

Es más importante aprender a disfrutar cada experiencia vivida que inmortalizar dicho momento en una imagen. Siendo realistas, tomamos fotos que se pierden entre miles más guardadas en el celular, pero las experiencias y las emociones vividas se quedan para siempre en nuestra memoria.

29

LA TEORÍA DE LAS VENTANAS ROTAS

En 1969 un hombre abandonó un coche deteriorado en el barrio del Bronx, en Nueva York, en aquella época un barrio pobre, peligroso, conflictivo y lleno de delincuencia. El auto mostraba claros síntomas de abandono, como la placa caída y las puertas abiertas. A los pocos minutos de dejar el coche abandonado empezaron a robar sus partes. A los tres días no quedaba nada de valor. Luego empezaron a desvalijarlo hasta que quedó totalmente destrozado.

Poco tiempo después, la misma persona abandonó otro vehículo idéntico y en similares condiciones, pero en un barrio rico y tranquilo en Palo Alto, California. El auto estuvo abandonado durante una semana, tiempo durante el cual permaneció intacto. Entonces el hombre decidió intervenir, así que tomó un martillo y golpeó la carrocería, así como algunos vidrios. ¿Qué ocurrió? Lo que el hombre había previsto: a partir del momento en que el coche se mostró en malas condiciones, los habitantes de Palo Alto se abalanzaron sobre él con la misma velocidad con la que lo habían hecho los del Bronx para desvalijarlo. Las personas que vivían en el barrio rico solo necesitaron una señal de abandono para actuar exactamente igual que en el barrio más humilde.

La persona que realizó este experimento se llama Philip Zimbardo,[89] un reconocido psicólogo e investigador del comportamiento de la Universidad de Stanford, cuyo objetivo era demostrar cómo las conductas disfuncionales se contagiaban. Concluyó que la causa del vandalismo no residía en la pobreza, sino en que el vidrio roto en un coche abandonado transmite la idea de deterioro, desinterés y despreocupación, lo cual, a su vez, crea el sentimiento de ausencia de ley, de normas y de reglas. El vidrio roto crea la sensación de que todo se vale.

El experimento de Zimbardo fue retomado posteriormente por los criminólogos James Wilson y George Kelling, quienes agruparon sus ideas para elaborar la *teoría de las ventanas rotas*.[90] Esta teoría explica que, si en un edificio aparece una ventana rota y no se arregla pronto, inmediatamente el resto de las ventanas terminarán siendo destrozado por los vándalos. ¿Por qué? Porque resulta divertido romper vidrios, pero, sobre todo, porque la ventana rota envía un mensaje: no hay nadie que cuide el lugar. En criminología, la *teoría de las ventanas rotas* sostiene que mantener los entornos urbanos en buenas condiciones puede provocar una disminución del vandalismo y la reducción de las tasas de criminalidad.

Estos investigadores hacen referencia a un edificio con una ventana rota porque creen que, si la ventana no se repara, los delincuentes tenderán a romper unas cuantas más; finalmente, quizás hasta irrumpan en el edificio y, si está abandonado, es posible que lo ocupen y le prendan fuego. También ejemplifican su teoría con una banqueta en la que se acumula algo de basura; pronto se va acumulando más basura, y con el tiempo la gente acaba dejando las bolsas de basura de restaurantes de comida.

La estrategia que proponen para prevenir conductas vandálicas es muy simple: arreglar los problemas cuando aún son pequeños. Reparar las ventanas rotas en un periodo corto de tiempo y limpiar las banquetas todos los días hará menos probable que los vándalos rompan las ventanas y que se acumule la basura.

Tomando como referencia la *teoría de las ventanas rotas*, las autoridades de Nueva York convirtieron esta ciudad, una de las más peligrosas en la década de 1980, en un lugar seguro y con bajos índices de criminalidad, arreglando los desperfectos que había en el metro, la suciedad de las calles, el grafiti de las paredes e incluyendo una política de "tolerancia cero" ante cualquier transgresión a la ley y a las normas de convivencia.[91]

Si bien la *teoría de las ventanas rotas* se ha asociado a la delincuencia y a la criminalidad, sus fundamentos pueden aplicarse a diversos ámbitos e, incluso, a las cosas de la vida cotidiana.

¿Te has dado cuenta de que limpiar tu casa resulta más difícil cuando se acumula la ropa sucia de un mes, junto con los platos de toda la semana y una montaña de papeles sobre la mesa?

Si en tu relación de pareja una pequeña discusión no es resuelta, puede llevar a la aparición de un conflicto mayor o hasta la ruptura. Si en una empresa no se establecen con claridad las sanciones para los empleados que llegan tarde, estos seguirán demorándose e incluso comenzarán a ausentarse. Si te estacionas en un lugar prohibido o te pasas una luz roja y no eres sancionado, entonces comenzarás a cometer faltas mayores. Si los padres permiten actitudes violentas como algo normal en el desarrollo de sus hijos, su comportamiento será más violento cada día. Si los actos de corrupción comienzan por pequeñas transgresiones que no se sancionan, estos se harán más frecuentes y más gente realizará las mismas prácticas con mayores cantidades. Si en un partido de futbol el árbitro permite una falta violenta y no amonesta o expulsa al jugador, lo más probable es que aparezcan más acciones violentas durante el partido hasta que se forme una batalla campal. Si el gobierno se muestra tolerante y permisivo con los delincuentes menores, se cometerán delitos más graves porque la impunidad estará permitida. Si tú mismo comienzas a decir pequeñas mentiras, acabarás creyéndolas e inventando más.

Como puedes ver, la lista es muy larga. Si permitimos el contagio de actitudes deshonestas y damos pie a que la injusticia, el abandono, la indiferencia, la corrupción o la mentira crezcan, el mensaje que nos enviamos a nosotros mismos y a los demás es que la arbitrariedad se permite y todo se vale.

Por el contrario, es importante transmitir un mensaje de respeto y cuidado hacia lo que nos rodea y arreglar las ventanas físicas y emocionales cuando antes para evitar males mayores.

30

¿ERES UNA COPIA DE LOS DEMÁS?

Un joven con gorra entra a un ascensor en el que se encuentra un grupo de personas. De repente se da cuenta de que, mientras él mira de frente a la puerta, todos los demás están mirando hacia donde él se encuentra. Discretamente, el joven también se voltea con extrañeza y lo hace una vez más cuando, al llegar al siguiente piso, se abre la puerta y ahora todos los desconocidos voltean hacia la izquierda. Una vez más, en el siguiente piso, los ocupantes del ascensor voltean hacia el frente de la puerta, acto que es imitado inmediatamente por el joven. Por último, salen del ascensor dejando solo al desconcertado joven de la gorra.

Las personas que actúan de manera extraña en el ascensor son, en realidad, un grupo de actores que tienen el propósito de ver cómo reacciona la "víctima" (el hombre de la gorra). El joven no sabe que sus acompañantes están confabulados para poner a prueba su capacidad de adaptación y grabarlo en un video, originalmente realizado para un programa de cámara escondida, pero que sirve para entender cómo funciona la presión social.

Todos vivimos en sociedades diferentes y nuestros comportamientos, decisiones y pensamientos se ven influidos por las personas con las que convivimos. La necesidad de sentirnos involucrados o de pertenecer a algo hace que muchas veces accedamos a cambiar nuestras opiniones para evitar el miedo al qué dirán, al rechazo o, incluso, al fracaso. El experimento del ascensor pone de manifiesto la gran influencia social que tienen las creencias y opiniones de otros sobre nuestra propia percepción. También muestra que somos fácilmente manipulables y, en muchos casos, cambiamos nuestra opinión o creencias por la presión de los demás.

Para el filósofo y psicoanalista Erich Fromm, una de nuestras necesidades existenciales como seres humanos es estar arraigados y pertenecer a un grupo que nos dé seguridad y protección. Sin embargo, la necesidad de ser aceptados puede orillarnos a conductas inadecuadas.

Por ejemplo, los jóvenes enfrentan mucha presión para actuar, hablar, pensar y vestirse de cierta manera, tal como lo hace el grupo al que pretenden integrarse. Cualquier diferencia con lo que es considerado "normal" o popular puede ser objeto de burlas y rechazo, de manera que, si vemos a estos jóvenes en la escuela, en una fiesta, o en un concierto, encontraremos que lucen exactamente igual: el mismo tipo de zapatos, idéntica marca de pantalones, el mismo corte de pelo, y hasta parecida la forma de hablar. Aunque en el fondo crean que son originales, la verdad es que solo representan una copia del grupo con el que quieren "encajar".

Por otro lado, están los que de verdad tienen una manera propia de pensar, cuyos gustos no están influidos por los medios o por los amigos, y que, sin embargo, son rechazados y presionados por la mayoría, para actuar y hacer exactamente lo que hacen los demás.

Una de las formas de presión de grupo más comunes es la burla, ya que puede resultar "divertido" poner sobrenombres o apodos, y ridiculizar aspectos físicos, como las orejas o la nariz, cuando son más grandes de lo normal.

Todos tenemos miedo de ser el objeto de burla del grupo y muchos estamos dispuestos a hacer cualquier cosa con tal de evitar ser el blanco de escarnio.

Hay quienes abandonan sus valores y sus creencias para ser aceptados y evitar sentirse solos, y hacen cosas que normalmente nunca hubieran llevado a cabo por su propia voluntad de haber estado solos. ¿Cuántas veces no hemos leído en las noticias que una pandilla envalentonada agredió a un grupo de personas, abusó sexualmente de una menor o asaltó a todos los pasajeros de un autobús? ¿Cuántos jóvenes no usan drogas, beben alcohol o tienen relaciones sexuales sin pensar en las consecuencias, únicamente porque su grupo de amigos hace lo mismo?

¿Alguna vez te has dejado presionar por tus compañeros o tus "amigos" para hacer algo de lo cual no estás convencido? Y cuando lo haces, ¿sientes que estás siendo honesto o vives en la falsedad?

Si contestaste "no" a las dos preguntas anteriores, entonces puedes considerarte alguien que hace las cosas por sí mismo y no porque lo diga la gente. No sucumbir fácilmente a lo que quieren los demás también implica que tienes una buena autoestima y cuentas con las herramientas necesarias para vencer la presión social y el temor al rechazo.

Desafortunadamente, no todo mundo puede presumir de ser fuerte ante la influencia de los demás, por lo que muchos hacen o dejan de hacer cosas por lo que dicen otros.

Si te encuentras presionado por tu grupo social, a continuación encontrarás algunas sugerencias que podrán ayudarte:

- Aprende a decir "no". Mira a la otra persona a los ojos con seguridad y convicción para demostrarle que estás seguro de tu respuesta: "No quiero ir a la fiesta" o "No me interesa consumir ninguna droga".
- Refuerza tu respuesta con una afirmación positiva. Por ejemplo, si en la afirmación anterior te negaste a consumir drogas, compleméntala con una frase como la siguiente: "No me interesa consumir ninguna droga, no la necesito para que mi cerebro siga funcionando bien".
- Es importante que seas repetitivo, al grado de parecer un disco rayado, cuando pongas énfasis en tu postura ante una situación determinada.
- Si la presión del grupo es muy fuerte, entonces retírate.
- Encuentra a un compañero o a un grupo de amigos que sea un buen ejemplo para ti, que comparta tus valores y tus creencias, para que puedas apoyarte en ellos cuando te encuentres en situaciones de presión. Ten en cuenta que si tus amigos insisten en que hagas algo con lo que no te sientes cómodo, es posible que tengas que reconsiderar su amistad.
- Trabaja en tu autoestima; para ello, construye un buen concepto de ti mismo que te permita tener plena conciencia de tus virtudes y tus defectos, así como de tus capacidades.

El experimento de conformidad de Asch

¿Cuál de estas tres líneas mide lo mismo que la primera?

El experimento del psicólogo estadounidense Solomon Asch,[92] realizado en 1951, permitió demostrar la influencia que ejercen los grupos sociales. En la prueba, que consistía en un examen de visión, todos los participantes, excepto uno, eran cómplices. A los participantes se les pidió que dijeran cuál era la longitud de varias líneas (se les preguntaba si una era más larga que otra, cuáles tenían la misma longitud, etcétera). En las dos primeras preguntas, tanto los cómplices como el sujeto evaluado respondieron de forma unánime con la respuesta correcta. Sin embargo, los cómplices habían sido preparados para dar respuestas incorrectas, con la finalidad de determinar si eso influía en las respuestas del otro participante. De este modo, a partir de la tercera prueba, los cómplices comenzaron a responder erróneamente de forma intencional. Al repetirse la situación en diversas ocasiones, el sujeto evaluado cedió a la presión de grupo y también respondió erróneamente. Los resultados señalan que 75% de los participantes se ciñen a la respuesta incorrecta del grupo al menos en una ocasión, aunque estas sean respuestas a todas luces equivocadas.

31

¿VIVES EN EL MODO "SER" O "HACER"?

¿Cuándo te levantas por la mañana, eres capaz de escuchar el canto de los pájaros? ¿Te levantas, con energía o agotado? ¿Caminas por el parque, poniendo atención a las flores y árboles o vas pensando en tus preocupaciones y proyectos? Cuando te diriges al trabajo, ¿ya has revisado los mensajes en WhatsApp, los tuits, las noticias y las actualizaciones que aparecen en tu celular? ¿Cuántas veces al día consultas tu correo electrónico? Cuando estás en tu casa, ¿necesitas tener encendida la música o la televisión? ¿Cómo te sientes después de pasarte varias horas continuas en las redes sociales o los videojuegos? ¿Navegas por el internet sin ton ni son? ¿Cómo te sientes después de ver un maratón de series en Netflix? ¿Miras videos en YouTube, uno tras otro, sin decidirte a apagar el teléfono? Cuando intentas mantener una conversación con alguien, ¿te cuesta trabajo oír y entender a esa persona? ¿Tu alimentación es saludable o comes cualquier cosa? ¿Descansas bien? ¿Cuántos minutos al día dedicas a estar en silencio?

Tu respuesta a las preguntas anteriores guarda relación estrecha con el estilo de vida que estás llevando. Esta forma de vida puede englobarse en dos categorías: el *modo hacer* y el *modo ser*; es decir, la forma particular que tienes de ver, sentir y actuar ante las cosas. A continuación descubrirás en qué consiste cada uno de ellos.

Modo "hacer"

Todos los seres humanos pasamos la mayor parte de nuestra vida buscando la felicidad. Perseguimos una cosa tras otra, creyendo que cuando la alcancemos por fin seremos felices. Así, nos preocupamos por el dinero, la comida, el trabajo, las relaciones afectivas…, por las cosas que cubren nuestras necesidades y nos hacen sentir seguros. El problema es que cuando no tenemos todas esas condiciones para ser felices, no disfrutamos de lo que sí tenemos.

Estamos acostumbrados a ir por la vida con el "piloto automático" encendido. Se nos ha enseñado a estar ocupados haciendo "algo", y pocas veces nos tomamos un momento para detenernos, mirar en nuestro interior y ser conscientes de nuestras necesidades y deseos.

Cuando nos pasamos la vida yendo a toda prisa de un lado a otro, estamos viviendo según el *modo hacer*, porque basamos nuestra identidad en lo que hacemos o en lo que tenemos.

Sentimos que somos alguien en función del valor de las cosas externas que poseemos y de lo que podemos lograr.

De esta forma, buscamos la felicidad, la satisfacción y la plenitud solo en las cosas externas, como el trabajo, los bienes materiales, las diversiones, etcétera. Este modo nos hace esclavos del mundo exterior; dejamos de disfrutar de las cosas simples y sentimos que la vida es una pesada carga sobre nuestros hombros, porque nos acostumbramos a estar persiguiendo sin cesar una cosa tras otra para ser felices. ¿Un diploma, un mayor nivel de ingresos, una casa, un ascenso, un viaje, una pareja? No importa lo que tengamos o lo que hayamos conseguido, nunca será suficiente.

Nuestra mente nunca descansa en el *modo hacer*. Los pensamientos desfilan uno tras otro por nuestra cabeza, ya sea para revivir recuerdos dolorosos del pasado o para planificar, organizar y tomar decisiones sobre el futuro, y evitar la ansiedad y la incertidumbre que esto nos provoca. Vivimos desconectados de nuestras necesidades porque estamos distraídos constantemente con cosas del exterior —sonidos, mensajes de texto, información, redes sociales, etcétera—, y, hasta en los pocos momentos donde no recibimos estas señales, nuestra cabeza se llena con un incesante flujo de pensamientos. Incluso cuando descansamos, escuchamos música o vemos la televisión de manera mecánica; no lo hacemos porque lo necesitemos, sino para llenar los vacíos de tiempo que nos resultan desagradables.

Cuando vamos sin descanso de un lado para otro, la dinámica de nuestra vida genera gran cantidad de estrés y agotamiento.

Trabajamos frenéticamente para ganar más dinero y estudiamos más para tener mejores oportunidades laborales, pero terminamos enfermándonos y perdiendo la salud o las relaciones afectivas. Evidentemente, esto ocasiona un desequilibrio en nuestra vida porque no respetamos los periodos de sueño ni descanso. El estrés nos desconecta excesivamente de nuestras necesidades, e ignoramos las señales que el cuerpo nos envía para indicarnos que algo está pasando.

La sobre estimulación del mundo exterior nos lleva a desarrollar un estilo de vida tóxico, con desórdenes en todas las áreas de nuestra vida.

En el momento en que el estrés se vuelve crónico, los niveles de cortisol —la hormona que se libera como respuesta al estrés— son muy altos. Eso quiere decir que nuestro cuerpo está en un estado permanente de lucha o tensión interna y los sistemas indispensables para la supervivencia no funcionan correctamente. Las enfermedades respiratorias, las alergias, la indigestión, la inflamación intestinal, las úlceras, el colon irritable, la colitis, el aumento de la presión arterial, las enfermedades del corazón, los infartos, el insomnio, el declive mental, la falta de memoria y de concentración, el envejecimiento de la piel y la fatiga crónica son algunas de las consecuencias del aumento de cortisol.[93]

Modo "ser"

La actitud predominante en el *modo ser* nos permite permanecer en el momento presente y ser conscientes de las experiencias a medida que se producen.

Pasamos de la tendencia natural de la mente a pensar demasiado, a ser capaces de escuchar nuestras necesidades físicas y emocionales.

Hacemos las cosas por un deseo personal y no para complacer a los demás o recibir su atención. De esta manera, si decidimos ir a clases todo baile lo hacemos porque lo deseamos y porque ese momento nos llena de satisfacción, no porque hayamos pagado una clase a la que "debemos" asistir.

El *modo ser* no se rige por agendas o relojes, no está orientado a objetivos específicos, sino en ser conscientes de la experiencia tal y como se presenta en el momento presente —lo que observamos, lo que sentimos, lo que nos rodea en el momento actual—, en lugar de centrarnos en revivir pensamientos del pasado (que ya ocurrieron y no podemos modificar) o del futuro (que quizá nunca lleguen). Los pensamientos sobre el pasado o el futuro son útiles solamente si la experiencia presente así lo requiere, pero de ninguna manera para rumiarlos o engancharnos con ellos.

Mientras que en el *modo hacer* la tendencia es desear una cosa tras otra para sentirnos bien, en el *modo ser* la mayor preocupación que enfrentamos no está relacionada con el aspecto material o afectivo, sino en encontrar la respuesta a las preguntas "¿Quién soy?", "¿Para qué estoy aquí?", "¿Qué quiero hacer con mi vida?".[94] Si logramos responder a estas cuestiones, nuestra mente encontrará la calma y, por consiguiente, seremos felices, ya que la felicidad no es posible sin la paz. Si conseguimos vivir plenamente y nos conectamos con nuestros deseos más profundos, esto se verá reflejado en todas las áreas de nuestra vida. La clave es dejar de buscar obsesivamente la felicidad como un fin en sí misma.

La plenitud que experimentamos al vivir de acuerdo al *modo ser* provoca que en nuestro cuerpo se activen las hormonas de la felicidad —la endorfina, la serotonina, la dopamina y la oxitocina—, hormonas que posibilitan la relajación y el incremento de nuestro bienestar emocional.[95]

Una vez que conoces la diferencia entre estas dos formas de sentir y vivir, la pregunta que quizá te estés haciendo es: ¿Cómo paso del *modo hacer* al *modo ser*? Es indispensable reestructurar tu manera de vivir, tu rutina diaria. Para ello, seguir las siguientes recomendaciones constituye un primer gran paso:

- Haz ejercicio de manera regular. Acostúmbrate a conectar con tu cuerpo, con las sensaciones corporales de tus piernas y brazos al moverte. Concéntrate en cómo tu respiración se combina con los movimientos físicos.
- Descansa adecuadamente. Descansar no es ir de fiesta o ver un maratón de series. Descansar es tomar un tiempo prolongado para conectar con tu esencia, para no hacer nada que tenga otro fin más que disfrutar de estar contigo.
- Realiza actividades de ocio sin ningún fin productivo. Hazlas porque te apetece, porque necesitas descargar energía, porque quieres regalarte ese momento y sentirte libre.
- Refuerza tus vínculos afectivos de manera presencial; desconéctate de tu teléfono celular.

Practicar las recomendaciones anteriores te ayudará a dar el primer paso para empezar a conectarte contigo mismo y vivir en el momento presente. Sin embargo, el siguiente, y más importante paso, es desarrollar espacios de silencio que te permitan acallar los ruidos del exterior y conectarte con tu interior. Pero de eso hablaremos en el siguiente capítulo.

32

¿TIENES MIEDO DEL SILENCIO?

Si crees que descansar es encerrarte en tu casa todo un fin de semana y no hablar con nadie, lamento desengañarte. Aunque aparentes estar tranquilo, la mayor parte del tiempo tu mente está agitada y llena de ruido. Por el simple hecho de conectarte al wifi estás absorbiendo información en todo momento: los mensajes, las llamadas telefónicas, las redes sociales, la computadora, la música o Netflix te están llenando de información continuamente. A menos que te quedes sin electricidad o te vayas a una cabaña en medio del bosque, estarás absorbiendo ruido por todos lados. Pero incluso en la cabaña más hermosa, donde impere la más apacible calma, es muy probable que tu cabeza esté llena de pensamientos que te impidan estar tranquilo y plenamente consciente de lo que estás haciendo.

Los momentos de silencio son necesarios para apaciguar los ruidos del exterior y conectar con nosotros mismos. Habitualmente somos incapaces de vivir sin ruido, e intentamos llenar los más pequeños espacios de nuestra mente con cualquier tipo de distracción. Inconscientemente, necesitamos el ruido exterior para esconder el ruido que hay dentro de nosotros.

Pareciera que nos da miedo el vacío y la soledad que descubrimos en nuestro interior al estar sin hacer nada.

Durante siglos, el silencio ha sido de gran importancia para los hombres y mujeres que han marcado la historia de la humanidad. Pitágoras, el filósofo y matemático griego (580–500 a.C.), escribió: "Aprende a estar en silencio. Deja que tu mente tranquila escuche y se quede absorta". Al escribir sobre la importancia del silencio y la soledad, Blas Pascal, el filósofo, científico, matemático y escritor francés del siglo XVII, escribió: "Todas las desgracias del hombre se derivan del hecho de no ser capaz de estar tranquilamente sentado y solo en una habitación". El famoso novelista y poeta, Franz Kafka, escribió: "No necesitas salir de tu habitación. Permanece sentado y escucha. Ni siquiera escuches, simplemente quédate completamente solo y en silencio. El mundo llegará a ti para que lo puedas descubrir".[96]

Cultivar el silencio en la vida cotidiana puede parecer difícil, porque, aunque hablamos de él, es difícil entender en qué consiste hasta que lo experimentamos.

La conciencia plena es una práctica de meditación que silencia el ruido de nuestro interior. También conocida como *mindfulness*,[97] la conciencia plena es una filosofía de vida basada en el budismo que se enfoca en la concentración en el momento presente, con el objetivo de desarrollar la capacidad de ser conscientes del mundo que nos rodea.

Cuando hacemos un alto en nuestra vida, el cuerpo descansa, la estabilidad y concentración aumentan, y nuestra mente experimenta una gran nitidez. Podemos ser conscientes de lo que está ocurriendo dentro y fuera de nosotros. Nos damos cuenta de nuestras necesidades, deseos, frustraciones y de lo que hemos estado evadiendo durante mucho tiempo, porque cuando se hace el silencio, todas esas emociones afloran con gran claridad.[98] El hecho de tener conocimiento de nuestra realidad nos permite trabajar conscientemente con la ansiedad, la depresión y con cualquier otra situación estresante que enfrentemos, en lugar de ir por la vida ignorando lo que vivimos, y preocupándonos más por lo que ocurrió o por lo que todavía no ha ocurrido.

Después de leer lo anterior, posiblemente te estés haciendo la siguiente pregunta: ¿Cómo puedo cultivar el silencio con mi modo de vida, donde parece imposible deshacerme de las prisas y el ruido?

Para generar oasis de silencio comienza con interrumpir los ruidos provenientes del mundo exterior. Si nunca lo has hecho, empieza a crear espacios de silencio de entre 15 a 30 minutos diarios, preferentemente por la mañana. Deja a un lado las fuentes de ruido externo —el teléfono celular, la computadora, las redes sociales, la televisión—, apaga también los ruidos internos —el constante monólogo interior que llena toda tu mente— y adopta una posición cómoda en una habitación donde no puedas ser interrumpido.

El siguiente paso es poner atención en tu respiración. Para los monjes budistas, la manera más fácil de liberarse del imparable flujo de pensamientos es aprendiendo a ser conscientes de su respiración. En la práctica de la plena conciencia se usa el sonido de una campana para invitarte a parar todo lo que estés haciendo y concentrarte en tu respiración. (Si no tienes una campana, busca una aplicación que te permita tocar este sonido o, en su defecto, imagina que lo has escuchado y haz un alto total en todas tus actividades para centrarte en la respiración. Pon atención en cómo tu inhalación y tu exhalación generan espacios de silencio). Cuando escuches el sonido de la campana deja de hablar y de pensar, y enfócate solo en respirar. Al inhalar de manera consciente y llevar la atención a tu respiración, silencias el ruido que hay dentro de ti —pensamientos sobre el pasado y el futuro— y exhalas la tensión acumulada, ayudando a tu mente a desprenderse del hábito de correr de un lado para otro. La campana te da la oportunidad de volver a ti, de disfrutar de la inspiración y la exhalación de tal modo que saques toda la tensión y te detengas por completo. Respirar durante dos o tres segundos conscientemente permite que desaparezca el ruido en tu interior, y te permite darte cuenta de que estás viviendo en el momento presente, aquí y ahora.[99]

Si conviertes la práctica de encontrar unos pocos minutos diarios para sentarte en la quietud, a respirar conscientemente, te darás cuenta de que tu modo habitual de pensar empezará a desaparecer y tanto tu mente como tu cuerpo se encontrarán en calma.

Otra forma de practicar el silencio consiste en realizar un ayuno. No me refiero al tipo de ayuno religioso que se practica en algunas culturas ni al ayuno por motivos nutricionales, sino a un ayuno donde la mente descanse. Para hacer este ayuno debes hacer a un lado la gran cantidad de sonidos, palabras, e imágenes que tu mente absorbe por medio de los mensajes de texto, los correos electrónicos, las redes sociales, el internet y demás distractores. Establece periodos de tiempo —una hora, una tarde o todo un día—, en los cuales permitas a tu agotada mente vaciarse y descansar de las distracciones que la tecnología ofrece. Basta con que permanezcas en silencio, sin el ruido de afuera y sin las palabras dando vueltas en tu cabeza, para que empieces a percibir la armonía que provoca la verdadera calma.

Si piensas que estar en silencio te privará para siempre de tu teléfono celular, de no hablar con nadie o de no participar en ninguna actividad, no te preocupes; pasado el tiempo aprenderás a ser más selectivo con el contenido que consumes y el tiempo que le dedicas. Encontrarás la calma en medio de tus actividades cotidianas, pues el silencio debe provenir de ti y no de ninguna situación externa.

Permanecer en silencio, adentrarnos en ese vacío que tanto nos asusta, nos lleva a vivir en el momento presente y a conectar con nuestro verdadero ser. La mayor parte del tiempo caminamos sin saber que estamos caminando y hacemos nuestras actividades diarias sin saber que las estamos haciendo. ¿Qué te parece si, de ahora en adelante, al cocinar concentras tu atención en lo que estás preparando, al bañarte pones atención al agua que cae por tu cuerpo, al estar con una persona te olvidas de lo que tienes que hacer más tarde y te concentras en el momento presente, y al lavar los platos no piensas en otras cosas y te vuelves consciente de los platos que estás limpiando?

Disfruta el momento presente. La vida pasa aquí y ahora.

Cuando comiences a conectarte con tus necesidades y deseos más profundos, todo lo demás en tu vida empezará a tener sentido. Solo entonces serás capaz de dejar atrás el pasado, esperar pacientemente el futuro y vivir con una intensa pasión el aquí y el ahora. Te sentirás saludable y plenamente vivo. Tu vida se convertirá en una emocionante aventura y no en una rutinaria monotonía.

> **"Solo cuando el mar está en calma y quietud vemos la luna reflejada en el agua".**
>
> **Thich Nhat Hanh**

NOTAS

[1] Filmaffinity (s.f.). *Patch Adams*, https://www.filmaffinity.com.

[2] Romero, S. y Moya, M. (s. f.). "Razones científicas para reír". Muy interesante. https://www.muyinteresante.es/salud/fotos/razones-cientificas-para-reir/razones-reir2.

[3] Trías, Fernando. (15 de mayo de 2005). "La risa y la productividad". El País. https://elpais.com/diario/2005/05/15/eps-/1116138423_850215.html.

[4] Frankl, Viktor (2003). *El hombre en busca de sentido*. Herder. p. 71

[5] Portalatín, Beatriz. (4 de agosto de 2014). "Humor, ingrediente clave del amor". El Mundo. https://www.elmundo.es/salud/-2014/08/04/53db5b9de2704ec1078b4571.html.

[6] Filmaffinity (s.f.). *Miénteme.* https://www.filmaffinity.com.

[7] Stephen, Jolly. (2000). "Understanding body language: Birdwhistell's theory of kinesics". *Corporate Communications: An International Journal.* 5(3):133-139.

[8] Darwin, Charles. (2007). *The Expression of the Emotions in Man and Animals.* Fq Classics.

[9] Paul Ekman, https://www.paulekman.com/about/paul-ekman/.

[10] Smit, Barbara. (2007). *Hermanos de sangre.* LID Editorial.

[11] Rigat, Anna (2008). "Rivalidad fraternal. Síntomas y escalas para valorarlos". *International Journal of Developmental and Educational Psychology.* Número 1, Volumen 4. https://www.redalyc.org/.

[12] Healthychildren.org. (21 de noviembre de 2015). "La rivalidad entre hermanos. A mis niños se les dificulta llevarse bien. ¿Cómo puedo

ayudarlos?" https://www.healthychildren.org/Spanish/familylife/family-dynamics/Paginas/Sibling-Rivalry.aspx.

13 Retama, German. (29 de agosto de 2016). "Lo crítico de la crítica". https://www.incae.edu/es/.

14 Jiménez, Martha. (21 de marzo de 2014). "Diez cosas sorprendentes que pasan dentro de ti cuando alguien te rechaza". El Confidencial. https://www.elconfidencial.com/alma-corazon-vida/2014-03-21/diez-cosas-sorprendentes-que-pasan-dentro-de-ti-cuando-alguien-te-rechaza_104758/.

15 MC. (8 de diciembre de 2017). "¿Qué les sucede a las personas que practican la crítica destructiva?". La Tribuna. https://www.latribuna.hn/2017/12/08/les-sucede-las-personas-practican-la-critica-destructiva/.

16 United Nations Children's Funds (2017). A Familiar Face: Violence in the lives of children and adolescents. *UNICEF*.

17 Stumphauzer, Jerome (2007). *Terapia conductual*. Trillas.

18 The Nobel Prize. https://www.nobelprize.org/prizes/medicine/1981/sperry/25059-roger-w-sperry-nobel-lecture-1981/.

19 Body-Evans, M. (20 de febrero 2019). "The Theory of Right Brain Left Brain and Its Relevance to Art". https://www.liveabout.com/right-brain-left-brain-theory-art-2579156.

20 Brian Tracy. https://www.briantracy.com.

21 Entrepreneur. (5 de febrero de 2019). "¿A qué hora se levantan los empresarios exitosos?" https://www.entrepreneur.com/article/327368.

22 Tracy, Brian. (2017). *¡Tráguese ese sapo!* Empresa Activa.

23 Filmaffinity. (s.f.). *Mi novia Polly*. https://www.filmaffinity.com.

24 Fisicalab. (s.f.) Ley de Coulomb. Fuerza eléctrica. https://www.fisicalab.com/apartado/ley-de-coulomb.

25 Hendrix, Harville. (1997). *Conseguir el amor de su vida*. Obelisco.

26 Zárate, Iván. (septiembre de 2012). "Adopción de rasgos de personalidad entre parejas". *Revista electrónica de Psicología Iztacala*. Vol. 15 No. 3.

[27] Gibbons, Ann. (9 de enero de 2017). "Your choice of a life partner is no accident". *American Association for the Advancement of Science.* https://www.sciencemag.org/news/2017/01/your-choice-life-partner-no-accident.

[28] Rauscher, F., Shaw, G. y Ky, C. (1993). "Music and spatial task performance". *Nature.* 365, 611.

[29] Tomatis, A. (1991). *Pourquoi Mozart?* París: Hachette.

[30] Campbell, D. (1998). *El efecto Mozart.* Urano.

[31] Jones, M. West, S. D. y Estell, D. B. (2006). "The Mozart effect: Arousal, preference, and spatial performance". *Psychology of Aesthetics, Creativity, and the Arts.* 1- 26-32.

[32] Abbott, Alisson. (13 April 2007). "Mozart doesn't make you clever". *Nature, International weekly Journal of Science.*

[33] Álvarez, Isabel. (s.f.). "¿Cómo influye la ansiedad en el rendimiento?". Más que ayuda psicológica. https://www.masqueayudapsicologica.com/ansiedad-rendimiento/.

[34] Davis, Martha y McKay, Mathew. (1989). *Técnicas cognitivas para el tratamiento del estrés.* Martínez Roca.

[35] Real Academia Española. (s.f.). "Mobbing", https://www.rae.es.

[36] Leymann, H., Gustafsson. (June 1996). A. "Mobbing at work and the development of post-traumatic stress disorders". *European Journal of Work and Organizational Psychology;* Vol. 5 Issue: Number 2 p251-275, 25p.

[37] Da Silva, A., Saldanha, F. (July 2019). "Mobbing and Its Impact on Interpersonal Relationships at the Workplace". *Journal of Interpersonal Violence;* Vol. 34 Issue: Number 13 p2797-2812, 16p.

[38] Filmaffinity (s.f.). *Revolutionary Road,* https://www.filmaffinity.com.

[39] Organización Mundial de la Salud. (30 de enero de 2020). "Depresión". https://www.who.int/es/news-room/fact- sheets/-detail/-depression.

[40] American Psychiatric Association. (2014). *Manual Diagnóstico y*

Estadístico de los Trastornos Mentales DSM-5. Editorial Médica Panamericana. 5a Edición. pp.155-160.

[41] Gaviria, Silvia. (2009). "¿Por qué las mujeres se deprimen más que los hombres?". *Revista colombiana de Psiquiatría*. Vol. 38. Num. 2. pp. 316-34.

[42] Hay, Louise. (2013). *Tu puedes sanar tu vida*. Diana México.

[43] Minuchin, Salvador. (2017). *Familias y terapia familiar*. Gedisa Mexicana.

[44] Soria, R., Montalvo, J., Herrera, P. (1998). "Terapia familiar sistémica en un caso de esquizofrenia". *Revista electrónica de Psicología Iztacala*. Volumen 1, Número 1. Agosto, 1998. http://www.revistas.unam.mx/.

[45] López, David. (5 de octubre de 2017). "Aprendizaje auditivo, visual o kinestésico, ¿a cuál perteneces?" Aprendemas. https://www.aprendemas.com/mx-/blog/mundo-educativo/-aprendizaje-auditivo-visual-o-kinestesico-a-cual-perteneces-76556.

[46] Grant, Adam. (20 de abril de 2019). "Tres consejos para mejorar tu memoria". The New York Times. https://www.nytimes.com/-es/2019/04/20/espanol/como-mejorar-la-memoria.html.

[47] Neural. (16 de marzo de 2018). "Cinco alimentos para fortalecer nuestra memoria". https://neural.es/alimentos-para-fortalecer-nuestra-memoria/.

[48] Robson, David. (28 de febrero de 2018). "El método para mejorar la memoria que no requiere ningún esfuerzo". BBC Mundo. https://www.bbc.com/mundo/vert-fut-43127240.

[49] Grant, Adam. (20 de abril de 2019). "Tres consejos para mejorar tu memoria". The New York Times. https://www.nytimes.com-/es/2019/04/20/espanol/como-mejorar-la-memoria.html.

[50] Técnicas de PNL para mejorar la memoria. (s.f.). "Programación Neurolingüística Hoy". https://programacionneurolinguisticahoy.com/tecnicas-de-pnl-para-mejorar-la-memoria/.

[51] Goleman, Daniel. (1997). *La salud emocional*. Editorial Kairós.

[52] Goleman, Daniel. (2018). *La inteligencia emocional. Por qué es más importante que el cociente intelectual.* B de Bolsillo.

[53] González Cabanach, Ramón. (1998). "Técnicas de autocontrol del estrés". http://hdl.handle.net/2183/10703.

[54] Correa, Raúl. (22 de febrero de 2018). "Hiperactividad y déficit de atención, problema de salud". *Gaceta UNAM.* https://www.gaceta.unam.mx/hiperactividad-y-deficit-de-atencion-problema-de-salud/.

[55] American Psychiatric Association. (2014). *Manual Diagnóstico y Estadístico de los Trastornos Mentales DSM-5.* Editorial Médica Panamericana. 5a Edición. pp. 59-65.

[56] Vargas, Sofía. (4 de septiembre de 2019). "Este hombre solo puede crear obras de arte espectaculares mientras duerme". https://mymodernmet.com/es/lee-hadwin-artista-sonambulo/.

[57] American Psychiatric Association. (2014). *Manual Diagnóstico y Estadístico de los Trastornos Mentales DSM-5.* Editorial Médica Panamericana. 5a Edición. pp.399-404.

[58] *Idem.*

[59] Venebra, A. García, J. García, F. (Julio-Diciembre 2006). "Trastornos del dormir". *Revista Médica de la Universidad de Veracruz.* Volumen 6. Número 2. https://www.uv.mx/rm/num_anteriores/-revmedica_vol6_num2/articulos/trastornos.htm.

[60] BBC Mundo. (13 de diciembre de 2017). "Conduje mi moto y un automóvil dormida": Cómo explica la ciencia el sonambulismo extremo. https://www.bbc.com/mundo/noticias-42328524.

[1] Abbot, Karen. (30 de abril de 2012). "The Case of the Sleepwalking Killer". Smithsonianmag. https://www.smithsonianmag.com/-history/the-case-of-the-sleepwalking-killer-77584095/.

[62] Brogaard, Berit. (14 de diciembre de 2012). "Sleep Driving and Sleep Killing". *Psychology Today.* https://www.psychologytoday.com/us/blog/the-superhuman-mind/201212/sleep-driving-and-sleep-killing.

[63] Filmaffinity. (s.f.). *Belleza Americana.* https://www.filmaffinity.com.

[64] Jaques, Elliot. (1965): "Death and the Midlife Crisis". *International Journal of Psychoanalysis.*

[65] Alighieri, Dante (2011). *La divina comedia.* Océano exprés.

[66] Erikson, Erik (1998). *The Life Cycle Completed.* W. W. Norton & Company; Edición: Extended Version.

[67] Cueli, José (1990). *Teorías de personalidad,* Trillas.

[68] Squires, Sally. (1999). "Midlife Without a Crisis". https://www.washingtonpost.com/wp-srv/health/seniors/stories/midlife042099.htm.

[69] Apponte, Catherine. (15 de febrero de 2018). "The Right Way to Negotiate with Your Partner". *Psychology Today.* https://www.psychologytoday.com/intl/blog/marriage-equals/201902/the-right-way-negotiate-your-partner.

[70] American Psychiatric Association. (2014). *Manual Diagnóstico y Estadístico de los Trastornos Mentales DSM-5.* Editorial Médica Panamericana. 5a Edición. pp. 462-466.

[71] Miranda, Luis. (2 de mayo de 2012). "La medicalización de la Rebelión. The real agenda". https://realagenda.wordpress.com/-2012/05/03/estigmatizacion-de-la-resistencia-a-la-autoridad/.

[72] Real Academia Española. (s.f.). "Humildad". https://dle.rae.es/-humildad.

[73] *Idem.*

[74] Sohn, Emily. (26 de mayo de 2016). "More and more research shows friends are good for your health". The Washington Post. https://wapo.st/3a8sthB.

[75] Sitios Argentina. (10 de abril de 2015). "La soledad acorta la esperanza de vida un 30% según un estudio". https://bit.ly/3iAp9AF.

[76] Holt-Lunstad, Julianne. (5 de agosto de 2017). "So Lonely I Could Die". *American Psychological Association.* https://www.apa.org/news/press/releases/2017/08/lonely-die.

[77] AARP Foundation and United Health. (6 de octubre de 2020). "The Pandemic Effect: A Social Isolation Report".

https://connect2affect.org/the-pandemic-effect/.

[78] Primack, B. y cols. (1 de julio de 2017). "Social Media Use and Perceived Social Isolation Among Young Adults in the U.S." *American Journal of Preventive Medicine*. https://www.ajpmonline.org/article/S0749-3797(17)30016-8/fulltext.

[79] Filmaffinity (s.f.), *Kramer vs Kramer*, https://www.filmaffinity.com.

[80] Kemp, G. Smith y Segal, J. (Noviembre de 2019). "Children and Divorce". Help Guide. https://www.helpguide.org/articles/-parenting-family/children-and-divorce.htm.

[81] Arnold, Kevin. (29 de mayo de 2011). "Mom and Dad Have Something to Tell You: Six Tips for Talking to Kids About Divorce". *Psychology Today*. https://www.psychologytoday.com/us/blog/the-older-dad/201105/mom-and-dad-have-something-tell-you-six-tips-talking-kids-about-divorce.

[82] Significado de Cinismo en Significados.com. Disponible en: https://www.significados.com/cinismo/. Consultado: 28 de agosto de 2020.

[83] Real Academia Española. (s.f.). "Cinismo". https://dle.rae.es/cinismo.

[84] Christensen, Jen. (29 de mayo de 2014). "El cinismo está vinculado con mayor riesgo de demencia, según estudio. CNN en Español". https://cnnespanol.cnn.com/2014/05/29/el-cinismo-esta-vinculado-con-mayor-riesgo-de-demencia-segun-estudio/.

[85] Alvarez, Pelayo. (29 de enero de 2016). "Los hombres que se hacen muchos 'selfies' tienen más probabilidades de ser psicópatas". El Mundo. https://www.elmundo.es/f5/2016/01/29/56aa4a56268e-3e90368b4606.html.

[86] Sarason, I. Sarason, B. (2002). *Psicología anormal*. Prentice Hall Hispanoamericana. Pp. 261-263.

[87] Balakrishnan, J. y Griffiths, M. (29 de noviembre de 2017). "An Exploratory Study of "Selfitis" and the Development of the Selfitis Behavior Scale". *International Journal of Mental Health and Addiction*. https://link.springer.com/article/10.1007/s11469-017-9844-x.

[88] Sandri, Piergiorgio. (28 de febrero de 2014). "La fiebre de los

selfies". La Vanguardia. https://www.lavanguardia.com/estilos-de-vida/20140228/54401754829/la-fiebre-de-los-selfies.html.

[89] Philip Zimbardo. https://www.heroicimagination.org/.

[90] Wilson, James.; Kelling, Gerge. (Marzo de 1982). "Broken windows. The police neighborhood safety". The Atlantic. https://www.theatlantic.com/magazine/archive/1982/03/broken-windows/304465/.

[91] Jorge, Miguel. (2 de mayo de 2017). "Cómo Nueva York consiguió reducir el crimen durante 10 años". Gizmondo. https://es.gizmodo.com/como-nueva-york-consiguio-reducir-el-crimen-durante-10-1791817118.

[92] Soldado de la verdad. (2 de marzo de 2013). El experimento de Asch: Influencia de la mayoría y la conformidad (Archivo de video). Youtube.
https://www.youtube.com/watch?v=Wqn1V5iP03Q&-feature=emb_logo.

[93] Fuentes, Maritza. (10 de marzo de 2021). "¿Qué le pasa a tu cuerpo cuando tienes exceso de cortisol?"
https://www.aarp.org/espanol/salud/vida-saludable/info-2019/-exceso-de-cortisol-en-el-cuerpo.html.

[94] Nhat Hanh, Thich. (2019). *Silencio*. Urano.

[95] BBC Mundo. (21 de marzo de 2017). "El "cuarteto de la felicidad": cómo desatar los efectos positivos de la endorfina, serotonina, dopamina y oxitocina". https://www.bbc.com/mundo/noticias-39333917.

[96] Kelly, Matthew (2015). *The Rhythm of Life*. Blue Sparrow. pp. 64

[97] Sociedad Mindfulness y Salud. (s.f.). "¿Qué es Mindfulness?". https://www.mindfulness-salud.org/mindfulness/que-es-mindfulness/.

[98] Nhat Hanh, Thich. (2019). *Silencio*. Urano.

[99] *Idem.*

LA AUTORA

Blanca Pelayo es licenciada en psicología y maestra en psicología clínica y psicoterapia por la Universidad Iberoamericana de Puebla (México). Ha cursado diplomados en prevención de adicciones, desarrollo humano e intervención de problemas de aprendizaje en niños.

Ha sido encargada del Departamento de Psicología del Sistema Nacional para el Desarrollo Integral de las Familias (DIF) y del Área de Psicología del Centro de Protección a Víctimas del Delito de la Procuraduría General de Justicia de Puebla. Ha trabajado en el diagnóstico y tratamiento de trastornos conductuales y de personalidad, en intervención en crisis con sobrevivientes de eventos traumáticos relacionados con la violencia, crímenes o accidentes. Asimismo, ha prestado servicios de prevención y protección para la población infantil frente al consumo de drogas.

Ha fungido como directora académica en instituciones privadas de educación media-superior e impartido cátedras de psicología general, teorías de la personalidad, psicopatología, evaluación psicológica, psicometría, entrevista e intervención psicológica.

En el extranjero ha colaborado en instituciones dedicadas a la atención del autismo, la asistencia a adultos mayores y el apoyo a personas sin hogar.